不满：
AGACEMENTS,
夫妻间的小战争
LES PETITES GUERRES DU COUPLE

JEAN-CLAUDE KAUFMANN

〔法〕让-克洛德·考夫曼 著
李园园 潘蕾 译

SPM 南方出版传媒 花城出版社
中国·广州

图书在版编目（CIP）数据

不满：夫妻间的小战争 /（法）让-克洛德·考夫曼著；李园园，潘蕾译. -- 广州：花城出版社，2019.9
ISBN 978-7-5360-8983-9

Ⅰ. ①不⋯ Ⅱ. ①让⋯ ②李⋯ ③潘⋯ Ⅲ. ①婚姻—研究 Ⅳ. ①C913.13

中国版本图书馆CIP数据核字（2019）第187863号

合同版权登记号：图字19-2016-213号
Original title：
Agacements. Les Petites guerres du couple, by Jean-Claude KAUFMANN
© ARMAND-COLIN, Paris, 2015, second edition.
ARMAND-COLIN is trademark of DUNOD Editeur-5, rue Laromigui guière-75005 PARIS.
Simplified Chinese languague translation rights arranged through Divas International, Paris
巴黎迪法国际版权代理（www.divas-books.com）

出 版 人：肖延兵
责任编辑：揭莉琳
技术编辑：凌春梅
封面设计：DarkSlayer

书　　名	不满：夫妻间的小战争
	BUMAN: FUQI JIAN DE XIAO ZHANZHENG
出版发行	花城出版社
	（广州市环市东路水荫路11号）
经　　销	全国新华书店
印　　刷	佛山市浩文彩色印刷有限公司
	（广东省佛山市南海区狮山科技工业园A区）
开　　本	880毫米×1230毫米　32开
印　　张	7.5　1插页
字　　数	150,000字
版　　次	2019年9月第1版　2019年9月第1次印刷
定　　价	45.00元

如发现印装质量问题，请直接与印刷厂联系调换。
购书热线：020-37604658　37602954
花城出版社网站：http://www.fcph.com.cn

再版前言

我很喜欢参加书展。诚然，在闷热的展棚下，置身在穿堂风之中，感觉不总是那么惬意，很多作家走出来的时候都在咳嗽或者抽鼻子。但是，正是那里，没有别的更好的地方，作家能遇到他们的读者（还有那些没读过其书的人，或者只是暂时还没读过其书的人），还可以发现有那么些线索（通常是独特的而且极具启发性的），能把读者们引到一本书或者作者面前。

有时候作者本人就已经引人注目了，在电视里一扫而过的面容、一个小细节、一个特征，都可以引起注意，例如小胡子。很多时候人们转身走向我，是因为目光被我这个毛发特征所吸引了。其实这是个令人有点恼火的事情（天！我可不仅仅只有胡子啊）！不过，这也可以作为一个"起点"，开启一段更有意思的"旅程"，最好的情况是，这个旅程可以引领您通向更浩瀚的书海。这才是最重要的。作家应该知道如何能让读者专注于其著作而遗忘其本身。

阿芒·科林出版社就是选择了我这个小胡子作为切入点,成就了这次美丽的再版集,我非常感谢他们。此外,我认真看了封面的图片设计(完美的英式细尖胡子),我发现画得比我本身的胡子还要好(我的还处于没怎么修剪的状态,通常是一夜起来就变得参差不齐),我很乐意认为这是我的胡子,素描的蛋形头也和它很相配。配图画得真好!但永远也不要忘记,书的内容才是最重要的。

总之,我跟你们说这些,主要是想说明书展对于作者来说,是调查自己著作的普及程度和受欢迎程度的很好的地方。在那里,作者可以了解到来自外界方方面面的评价,包括著作的标题、封面的设计。他们可以学会怎样让书的内容以一种特别的甚至是让人惊叹的方式来呈现。在书展里,作者还可以发现自己的书的奇妙命运。因为每本书都有自己奇特的命运,独一无二的个性,它将能释放出一种独特的氛围,能与普通读者、心境平和之人(甚至是过于平静的人)、感情丰富之人产生奇妙的联系。

我已经写过三十多本书了,书展举办方不可能把我所有的书都放在书展摊位的小桌子上(因为位置大小都是计算好的,作家之间相互友好,但还是会暗自比较和竞争),所以举办方会对书目进行筛选。根据他们的筛选,我将会得到不一样的体验。在书展看到是哪几本书放在桌上,我就会知道我将会遇见什么。毫无疑问地,我最希望看到《不满:夫妻间的小战争》摆在桌上,它是所有类别中的冠军,能创造最令人惊喜的阅读浪潮。观察读者阅读后的反应，就像看一场只属于我的演出。他们或因笑得不能自己而摇头晃脑，或低眉顺眼地会心一笑，或露出极具惊人表现力的面部表情，甚至发出"啊啊啊啊""噢噢噢噢"的一些叫声，其中夹杂压抑的哭声，比起长长的对话更能表达出内心的想法。我从来不会感到无聊，如果有《不满：夫妻间的小战争》摆在书展的桌子上，特别是当有夫妻经过摊位的时候。刚开始的时候，他们的表现相对于单身的读者会显得比较谨慎（紧绷的笑容，偷瞄的眼神，手肘偷偷地推一下），因为他们觉得在公众场合不可以揭下面具。突然间，他们就不再矜持了，笑声随之爆发，配偶试图逃跑或者自己也笑了起来，不一会儿，人群就聚集起来，每个人都带来了自己的故事。

当只有女性重新聚集到我的小桌前时，就会有另一个显著的场面出现。她们中间马上会有一种默契产生，一起控诉男性（在这本书的别处，您会发现男性并不是那么称心如意，这是一个令他们觉得非常不舒服并试图逃避的主题）。有一位女士让我印象特别深刻，她用高亢而清晰的嗓音，向我描述了一件衬衣的故事（"你把我的粉红色衬衣放哪里了？"），声音动作就像一位话剧演员，引来多人围观。以至于——生命中唯一一次——我可以在摊位后想象自己是龚古尔文学奖得主或者是某电视明星。

这个故事也很好地总结了这本书的内容。夫妻间最恼火的事在于，每个人都对事物次序有一种无形的掌控。认知学的专家说，这是"隐性的记忆"，我们在无意识的大脑皮层中贮存了所有熟悉东西的理想平面图。这些东西数也数不尽，杂七杂八的一大堆，有胶水、男短裤、眼镜、学校证书等。如果一切正常，不需要多加思索就可以找出来。例如，我们知道盛早餐的碗放哪里。心目中物品放置的平面图促使我们的身体动起来。即使我们刚刚醒来，我们也只需把手伸到橱柜里就能拿到碗。唉，要是东西不在隐性记忆中的地方，事情就会变糟。女性往往会因此而很生气。因为她们对事物的整理有特定的记忆，同时也要求其他人记得——孩子们和她的丈夫记得。

女性思维中堆积着三个层次的神经紧张和精神疲劳。第一层就是很难对付的个人物品（已经很烦人，但也只是内心战争）。要是本该丈夫做的事情由妻子做了，她的精神压力会额外地增加（这就更加烦人了，特别是她并不乐意为家庭这样做的时候）。她把一大堆糟糕的袜子一双双地配对好，当丈夫从抽屉里拿出来穿，并不会触动她恼怒的神经（大家都在想这是多么恩爱的举动）。然后，最可怕并且令人气愤的事情发生了：当丈夫（正是我的故事叙述人的丈夫）冷冷地问道："你把我的绿色衬衣放哪里了？！"而妻子却觉得她丈夫应该清楚地知道这该死的衬衣放在哪里。这一层与第二层的差别可能看起来很小，但它仍然是至关重要的，可以完全改变夫妇间的角色扮演。众所周知的内心魔鬼，我们在书里会看到它，它喜欢藏在细节中。

目录

引言　　　　　　　　　　　/001

第一部分　1+1=4

第一章　冒险的婚姻生活　　/009

第二章　男人和女人，
　　　　分歧还是互补　　　/041

第二部分　暴风眼

第三章　动机　　　　　　　/077

第四章　机制　　　　　　　/106

第五章　延伸　　　　　/134

第三部分　小复仇和爱的策略

第六章　沟通困难　　　/143

第七章　秘密爱情　　　/166

结论　　　　　　　　　/194

附录　研究方法　　　　/200

引言

"我真的生气了!太烦人了!我都要气炸了!尽管每个人都会有凌乱的时候,这都没问题,但只能在属于他自己的小角落里。你可以去问问我们的邻居,有多少次听见我的咆哮都是因为我的丈夫把自己的东西随处乱扔;邻居们都已经习以为常了。虽不能说咆哮非常有效,但于我而言,还是有用的。"然而,阿涅斯(Agnès)终还是很慷慨地让步了,减轻了丈夫的这些罪行,因为她也意识到自己在对待家务这件事上是"有点躁狂"了。"家务这种事,在生活中我并不力求完美,但一旦家里变得凌乱,我就抓狂!"另外,还有一种情况是可以减轻罪行的,那就是熨衣服。这个时候,生气的人和被生气的人的角色就会颠倒过来。当妻子有衣服要熨烫的时候,她越是敦促自己要立即行动起来,就越是觉得这件事情很繁重和不想动手。她从放置熨衣板的那一刻开始,就觉得被折磨得喘不过气来，一点动力都没有。特别是当她的目光落在那堆可恶的衣服上时，立刻就会觉得生气、厌烦和要崩溃，情绪不可避免地变得越来越糟糕。于是，她想到了一个好办法。"当我的洗衣篮令我厌烦极了时，我就把它从我的视线中移开，藏在一个看不到的角落里。我先把它放一边，这不是一天就能干完的。"唉，当她突然间再次发现洗衣篮还在那里时，厌烦的情绪会再次袭击她，而且更猛烈。

衬衣的问题源自这里，这么多年来，这是一直影响他们婚姻生活的问题，然而他们一直是相爱的，时至今日也是。幸福的夫妻也有故事需要沿着一些小的（或者大的）烦恼的事情去发掘。

吉恩（Jean）不会穿没有熨好的衬衣去上班。但有多少次，这个"家务壮举"都是在他极力抑制那种无边的、情绪已达到极限的感觉之后，在最后一秒完成；这种情绪是焦虑、愤怒、仇恨的。更糟糕的无疑是听到阿涅斯的笑声。大声而爽朗的笑声和自己内心的"悲剧"完全相反。吉恩曾因此买了一部专业的机器——专业熨烫机。实际效果却不大。这个问题最终得以解决，是通过雇用了一个家政服务人员，他一个星期来两次，专门熨衣服。衣服越不够穿的时候，那些惹人讨厌的笑声就越让他痛苦不堪。直到有一天，社会学家（在他们分别回答了若干问题后）在一次夫妻间的面谈中，让两人当面对质各自的观点，衬衣的问题再次被提出来讨论。阿涅斯大笑得喘不过气来，吉恩也几乎不能保持镇定。他们述说了两个故事，无论是他们叙述的内容还是他们的腔调，都完全不一样。

阿涅斯说："这真是太可笑了，太可笑了！"

吉恩说："我一点都不觉得可笑，这是个很严肃的问题！"

在衬衣纽扣的棘手问题上产生的分歧更大。"我不知道他怎么搞的，他的衬衣上总是有脱线的扣子。这也是让我们争吵的原因！他因为这个而大发脾气，真是令人难以置信！是的，我是准备熨衣服了，的确，我也看到了有些纽扣缝得不太好。好吧，我是没有太在意这些扣子。当衣服熨好、被挂起来的时候，扣子就掉了！"阿涅斯大笑了起来，笑得都快接不上话了。"然后，他就开始大叫，说：'你总不能等到挂衬衣的时候才发现扣子掉了吧！'我想，让我们夫妻对对方不满意的唯一原因，就是这些扣子！"接着又一次大笑打断了谈话。尽管如此，她最后还是做了总结："他，当时应该很生气！好吧，但也不至于把这个事小题大做吧。"但吉恩却恰恰把这当成一件大事。他不能理解这种在他眼里很咄咄逼人的态度，他已经试过几千次委婉地告诉阿涅斯自己很受折磨。他特别不明白为什么她会发出这种令人难以忍受的笑声，他感到非常痛苦。她指责他有所谓的"秘密"行为，因为她认为是他自己崩掉了衬衣的扣子。"我不知道他是怎么搞的，我的衬衣扣子就很牢固。"他却认为，一切皆源于工业化的缝纫机太流于表面，还是应该用人手再加工一下。因为没有参与任何家务，吉恩不敢对阿涅斯有过多的指责。吉恩是由祖母养大的，他记得非常清楚，每次祖母买了新的衬衣，第一件事情就是重新缝一下扣子。这也是为什么在家庭危机最严重的时期，尽管他已经结婚而且是三个孩子的爸爸，他还是决定把所有衬衣拿去给祖母缝一下扣子。这让阿涅斯笑得更凶了。然后（在第一次社会学家和夫妇当面谈话的这段时间），他们雇用一个专门上门熨衣服和缝补衣服的人解决了这个问题。

有一天，一个在我领导下工作的女调查员接到了阿涅斯的电话。阿涅斯意识到不要什么都说出来，而且希望在电话之后与她聊聊心事。她的笑声其实掩盖着一种痛苦，这种痛苦由来已久，从她第一天见到吉恩——一个她很喜欢的人开始。生活是很奇特的，有时候事情突然转变，而人们却完全没有觉察到。因为出于对这个人的爱慕，她完全没有发觉这个转折点。因为爱，她完全放弃了自己的职业生涯，并决定全情投入到家庭生活当中。此后，阿涅斯经常梦见另外一种她本该有却并没拥有的命运，梦开始的时候总是很令人愉快，不过很快就变得很痛苦。我们不应该去责备阿涅斯，故意把纽扣事件作为陷阱让她的丈夫掉进去，这个"惩罚机制"是吉恩自己设立的。但很快，她就直觉地认为，她这个秘密的复仇行动能够平服心中的不满和重新平衡她的内心。特别是她的笑声，面对可怜的吉恩的不满时，这种笑声可以令她释放内心不满，真是不可思议。她要让他做出补偿，而且她认为这样并不会令他很痛苦。生气的人很少会想到，有时候她真的会成为对方的灾难。

从众多的故事当中抽取了这个故事，就是为了向大家介绍这本书的中心内容：**夫妻间的"小战争"从来都不是无足轻重的**。表面上的冲动不断地被大量的解释所掩盖着。内心的不满情绪是一种很可笑的情感。它会令人不舒服，甚至会令人难以忍受，却在夫妻的共同生活中扮演着关键角色，有时还会带来积极的作用。所以"小战争"就成了一个不太令人舒服的生活必需品。最令人惊讶的是，"小战争"机制的触发，都是异常精准，不会是随机的。对它的研究，是基于整个婚姻生活，以一种新颖真实的方式进行。因为这个研究有可能会透露出很多信息，是关于个体归属感产生的动机的多样性。我想说的是，出乎意料，这本关于小吵小闹的书本来应该用理论著作的形式呈现，因为主题是那么的内涵丰富而且深刻。但最终（至少到目前为止）我还是更倾向于呈现有血有肉的真实生活，运用令人无法抗拒的诙谐笔调和浅显易懂的语言来体现真实故事，避免用太多的笔墨写一些概念性的内容，这样文风会过于严肃。

这场以夫妻间吵闹为内容的书中旅程，不至于会很无聊（至少我希望这样），虽然它还是会有一些铺垫和以各种定义来作为开始。不满接着不满。从简单的信息"这会让我生气……"到激烈地号啕大叫"我受不了了"，只需留意周围警报的发出方式，就可以衡量单纯的理智型恼怒和真正的愤怒情绪大爆发之间的范围，这种令人震撼的情绪最终会导致最不得体的行为。然而，从一个极端到另一个极端，厌烦的情绪潜伏在一个独特的机制当中，它会被触发都是因为同一个原因：双方无法协调。人文科学领域中存在一个挺罕见的情形，就是把情绪的进展越来越细化，甚至陷入了由各种因素带来的复杂性和多样性。这种单纯的解释，不可想象地剥夺了我们的力量和思维的舒适。不过，正因为这样，需要严格界定不满情绪的种类,这确实类似一系列负面的情绪(一些是定义明确的,另外有很多是模棱两可的),这些不同的负面情绪体现在不一样的机制当中,从而使研究分析更精确,不会导致界限的模糊,例如:悲伤、愤怒、怨恨、烦恼、不耐烦、不安、沮丧、失去兴趣、不满、失望、厌恶、愤怒,等等。各种各样的感觉情绪与吵闹之间构建起了各种联系。例如,生气有时候就是发泄口。或者,不满和厌恶,那就需要更进一步处理了。同样值得注意的是,有一些心理上的特点或者特定的社会背景会构成一个人易怒的倾向。有人指出,这些长期受气的人会变得很暴力。但我们的中心主题不是这个。同样地,在夫妻内部,处理冲突和处理暴力是不一样的[1]。在什么都不懂的情况下,不能说不满就会带来争吵、冲突,更不要说暴力了。为了掌握其微妙而清晰的动态发展,就有必要指出,观察的重点应该放在最普通平常的夫妻生活当中,甚至是在那些最幸福、最平和的夫妇,那些其他人会错误地认为没有故事的平凡夫妇中。

---

[1]参照布朗(Brown)、加斯帕尔(Jaspard):《儿童在夫妻冲突和暴力中的地位:研究与预测》,2004年第78期。

第一部分

1+1 = 4

第一章 冒险的婚姻生活

实际上一切源于个人。配偶并不是唯一让你烦恼的人。我们也会自己恼怒起来，例如，当遇到一个很棘手的事情时；当自己组装松木家具时，7号螺丝拒绝按照图纸上的位置被安装起来；一堆洗好的衣服等着阿涅斯去熨烫。这些种种需要面对的问题组成了供我们分析的特例，可以让我们认识到，其实我们并不是像自己想象的那样。男士处于主导地位的话，他会表现得理性，会按自己的想法来指导自己的生活。我们分享这些，因为正是从这个角度，我们可以观察生活和审视自己。然而，这只是实际情况的一部分，很小的一部分，只是真实情况的一个层次而已。以前的科学理论中，例如生物学，就已经积累了足够的经验去区分各自领域中不同层次的真实情况，即每个层次所涉及的方法、类别和特有的概念，上升到一种完全不同于当前所处的水平的视野和语言。在肉眼所见的身体表象下，我们发现了血液循环和神经系统，它们都遵循着自己的一套法则，更深入一点，它们还有与自身相匹配的各种公式，能一一为我们揭示分子遗传学的秘密等。在人文科学领域，很有可能会有这么一天，能够解决这个自己研究自我想法的特殊难题，这个承载了不少自我中心主义风险的难题。"不满"给了我们一个意外的机会，让我们可以抛开自我中心，以一种全新的方式去深入探究个人文化修养的深处。

在意识的表象下，人们表现出的是一套持久不变的动作流程，与他熟悉的事物密切相关。当一觉醒来，无论我们想喝热巧克力、茶或咖啡，我们不会去问早餐的杯子碗碟放哪里。我们大部分的动作会被自动触发，但不会随性而为。在日常生活中最小的细节方面，没有两个人是完全一样的。每个人都会在脑海中储存着无限多的微小参照物，这些参照物取决于他的经历并决定着他的反射行为。幸好是这样，否则，生活将会是思维疲累的地狱。认知科学已经找出了储存我们生活规律记忆的地方，并指出，这个有时候会被称为"内在意识"或者"无意识认知"，又或者"隐性记忆"[1]。在一本侧重于理论的书里[2]，我已经写过，这种记忆是如何根据两种互补的方式来进行组织的。一方面，认知科学对我们大脑的无意识区域已经进行了研究，这里会录入一系列动作指引。许多专家把这些指

---

[1] 布赛尔（Buserp）：《毫无意识地面对一千张脸》，巴黎：奥戴尔·雅各布出版社2005年版。
[2] 霍夫曼（Kaufmann）：《自我：个人行为学研究》，巴黎：纳唐出版社2001年版。

引称为"模式",模式之间的相互交错构成了每个人各自的秘密计划,存放于他的日常行为中。另一方面,那些熟悉的物品就会尽可能多地转化成日常行为中的视觉或触觉标记。我会打开橱柜去拿早餐的餐具,几乎不用思考或者是以一种直观的快速的方式去完成。没有惊喜,没有考虑,除非那个碗不在那里。这种不太愉快的情形就被定义为两种记忆录入模式间的冲突。个人(或物品)的外在方式不符合内心的小算盘中的一系列动作。在这本书所举的例子当中,无法协调的后果并不算太激烈,唯一的后果可能就是有意识地思考后做出的行动:那我的碗到底放哪里了?不满仅仅会发生在碗找不到的情况下,或者它因为一个差劲的理由而已经被拿了出来。在许多气氛更紧张的故事背景下,无法协调的结果一下子就导致了不满。不满的情绪越是来得突然和强烈,越是迫切地需要个人重建对立双方的协调一致性。对于阿涅斯来说,是通过各种方式把可恶的衣服藏起来,只要堆起来的体积还不算太大;直到衣服堆超过可忍受的限度,她才会提起精神拿出来熨烫。"直到我已经把洗衣篮挪了两三个地方,我知道我不能再这样下去。我很清楚地知道不能够再拖,必须马上去处理。"这不等于说,为了让不满消失,物品必须一直回归原位。内在意识的模式也是可以改进的。"好吧,对于衬衣,我知道问题所在。但抹布,那真是太愚蠢了!吉恩他从来不会在意抹布,我也是发自内心地不在意。那么为什么,我讨厌熨衣服,但我还是继续在熨烫抹布呢?"阿涅斯本可以不用熨烫抹布的,这种意识上针对自我(内心的小算盘)的斗争促使她做了一些她认为很愚蠢的事情。她找到了一个更彻底的解决不满的办法：自己不再动手熨任何衣服，而是把它们都交给专业人士。个人内心感到不满时，这就是一个信号，显示了在两人各自记忆之间反复产生的矛盾，其实一直都没有得到解决：就像雷昂（Léon），就因为他每天晚上脱掉衣服时，凌乱地把衣服放在床边椅子上而被骂了30年。要不在脑海中设置一个行动调节器，专门用于完成像熨烫这种不是每天都要做的事情。这个调节器设定某天某个时刻，必须决定好这个事情。不过，总会有些理性的理由出现，但对做这个决定并没有多大帮助：这个理由表明这件事应该在今天做，另一个理由又证明这件事可以推到明天做。所以，情感必须作为推动力[1]，帮助最终把事情定下来。但是，推动完成熨烫这件事上所需要的情感，却让人不是那么舒服。如果双方不是过于苛刻和激烈，很多时候，适当的不满是有用的，甚至是必不可少的，它可以促使行动和减轻心理疲劳。

家务情感

我们的研究报告，借助了所研究的日常事物，使得我们的故事很有特色；每个家庭的家务杂事千差万别。阿涅斯喜欢动手整理东西，并弄得一尘不染，但她的身体却拒绝去熨烫衣

---

[1] 达马斯奥（Damasio）：《笛卡尔的错误，情绪的原因》，巴黎：奥戴尔·雅各布出版社1995年版。

服。在罗拉（Lora）家，情况却完全相反。她不但不觉得熨烫是一件苦差事，甚至觉得这件事情可以带给她真正的快乐。她会听着自己最喜欢的音乐，甚至拿着熨斗翩翩起舞，勉强替代她如今已经不可实现的梦想（成为一名专业舞者）。然而，唉，家务事远不止这么简单。她22岁，就像其他同龄人一样，照顾家庭对于她来说并不是世界上最重要的事；真正的生活在别处。但是，她花很多时间在自己的家里，把最显眼的凌乱和污垢处理好的那种轻松感开始一直缠绕在她的脑海里。她开始一点点地制造另一个行动计划，营造一个视觉上"更干净"的公寓。首要是整洁的地板，这无疑成为她强迫自己要去完成的事情。虽然她会想象地板清洁后很完美的样子，但实际上面对地板上的灰尘时，她在行动上却对自己很纵容。"噢！地板！还有地板！我不是没有想要去清洁！而是，妈的！我还必须清洁！必须！这让我伤脑筋！"她自己也不太清楚是什么让她如此厌烦：看到那些不够干净的角落？或许是自己不断思索的家务新点子总是那么难达成。罗拉和她家地板之间的痛苦和纠结的关系，充分体现了个人产生不满的一个变化过程。当一个习惯性的机制运行良好时，只要一看到一丝凌乱，个人的不满情绪就会触发，会立刻驱动自己的身体行动起来。"这使我厌烦，很厌烦，但即使需要全身心投入去整理那些煎熬人的衣服，我还是会去做的，我就是这样的人。"阿涅斯说道。但是，一系列举动的隐性计划和更理性的思想水平之间可以建立起一次对话。个人会受理智控制，或者会梦想另一种行事方式。罗拉不满足于只是快速地扫一下地。这个时候，不满就会被另一种转变所替代。它不再只是由内心的小算盘和凌乱物品之间的不协调所产生，它的产生，是来源于已经形成的习惯性机制和新的理想行为模式之间的许多偏差，来源于隐性记忆和理性想法之间的许多偏差。不满不再只是一种发泄，时而激烈但短暂，成为促使行动的必要途径；相反地，它会通过扰乱个人的判断力而使行动变得复杂，行动过程中也会反复加重个人的思想负担，令人很痛苦。"这使我很伤脑筋。"正如罗拉所说的。不协调、内心想法的不一致被转移了，不满的社会功能随之改变。它不再是情感装置，在习惯性机制已经植入的情况下（在衣服堆成大山的时候才决定去熨烫），起到启动特定行为的作用，它已经成为改革习惯性机制的前提条件。当然，这样的改革也许从来不会发生。不满就只能以一种持续的、不愉快的和无效的方式而存在。因为椅子上乱七八糟的衣服，在一段长时间内，雷昂很有可能每天晚上还会继续被骂。然而，他只要采取一个新的收纳习惯，就能消除这个已经毒害他三十年的不愉快的感觉。但老习惯，已经很难去改变了。相反地，罗拉却只是刚刚开始她的主妇生涯。每天都有不同的小改变上演。地板引起的不满可能只会很快成为一段不愉快的回忆而已。因为，她所要的"更干净"的理想状态，将不会成为她日常行为的行动指南。夫妻共同生活的头几年，各种各样的不满会逐步促成他们家庭的家务制度。罗拉正处在这个过程当中，在各种背道而驰的情感之间获取平衡。特别是洗碗这件事情，每天都把她从无法忍受的不满中转换到最快乐的兴奋当中。她每天早上吃完早餐后洗碗。中午午餐后，厨房水槽里的污垢就开始刺激她的眼球，严重的时候，水槽里的气味一下子就会引起她的过敏反应。到了晚上，真正不舒服的感觉就会控制她，使得不满的情绪一直缠绕着她。早上是真正的解脱，储存着的不满转化为行动的动力。"我会对自己说：搞好了！搞好了！噢，该死的，终于干净了！"接下来的整个早上，她都会时不时往水槽里看一眼，为的就是收获幸福的小片段。"我就这样看着，水槽太完美了，太完美了！"然后，到了中午，一切又重来一遍。

终有一天，就像地板这件事，罗拉一定会制定出新的方法。例如洗碗，就会在每次饭后去完成，这样，就避免了或者说可以尽量避免一些不满的情绪。当然这也不能说，因为克服了不满就会带来很强烈的愉悦感。一旦习惯性机制可以很好地运行，很多因为家务事所带来的情绪就会被消除了，包括很糟糕的和很愉快的。建立家庭所存在的冒险，就是在这个方向上无法阻挡地前进着。因为习惯性机制的形成，也是维持和谐生活的保证。社会关系变得很累人和复杂，却没有什么比和谐关系更珍贵的了。

1+1 = 1？

但是生活不是仅有家务事，这方面没有什么热情又有什么关系。夫妻生活又不是为了得到完成洗碗所带来的愉悦，双方的共同生活从一开始就已经开启了不满史上截然不同的新篇章。

从那时起，在不知不觉中，个体变成了两个人的共同体。

自己熟悉的环境（包括个人记忆中的一部分）不断地与习惯性机制下的隐性指导行为产生差距。思想行为上的分化会定期产生一些小不满，作为一系列行动的前序。是什么让他们互相认识的？特别是日常生活中两个不同世界的人是怎么相遇的，内心对最简单的事物的处理都不同的两个人如何相处？我决定，在揭露事实的前提下，对这个问题开展一次调查研究：两人第一次一起睡醒后的早上，我假装无意地观察他们在浴室和吃早饭时的姿态动作。我期望看到一些揭示问题的碰撞。这些碰撞已经在发生，但并不像我之前所想的那样。尤其是，不满几乎不存在。很多人会感到焦虑、局促和不适。还有人会希望逃离和尽快淡化事情。但很少有人不满。

文森特（Vincent）的例子给人留下深刻印象。他的早晨有点像一部灾难片，他发现了意中人有一些令他不安和讨厌的行为。即使是牛奶，也有一股奇怪的味道。然而，他继续着他们之间的故事，就像所有这些不好的东西只是在他身边滑走，他并没有触碰到一样。在需要做总结之前，他一直不作声。他觉得自己并非真正地在过同居生活，的确，他真的不是。他的行动和判断的基准一直都在，在大脑的一个角落里，但很遥远，如果外部环境驱使也很有可能会发生改变。这个时候，不满很少会发生，因为个人并不觉得自己在过同居生活，只是在两种生活的过渡地带，旧生活有可能正在消失，新生活仍未去发掘。在那些第一天早晨旧生活重占上风的故事当中，出现了很多强烈的负面情绪，但都不会令人不满。因为婚姻生活中不幸的人不力求去解决这些矛盾，这些矛盾阻止他去发掘那个有待发掘的生活。他蜷缩起来并想着逃离，或者想着如何在晚上驱逐他家的入侵者。不和谐的前提是一个双方统一体（矛盾的），已经形成或者正在形成。这个故事里，却是以分手为目的的。原本努力融合的可能性消失了。那些朝着更有利方向发展的故事当中，不满不会再出现，因为旧生活被遗忘了（只是暂时的）。由于爱情的魔力，令人感到诧异的元素都被忽略了，并封存在休眠记忆当中，当这些元素被认为是不讨人喜欢的时候。"她的一些小怪癖，开始的时候我都觉得很迷人。"加利（Gally）说道。这些元素也可以作为标记，表示进化到另一种生活。高伦比娜（Colombine）惊奇地发现了浴室里弗兰克（Frank）用的各种面霜和乳液，她一直以为这个一身肌肉的运动员是个很粗糙的人。她从来不认识这些瓶瓶罐罐，到目前为止她只知道肥皂。惊惶之下，高伦比娜决定马上改变她的身体护理方式。就是在这种情况下，个人已经准备放弃或者投入到更有激情的故事中去的时候，幻想就在此时萌芽：是否1+1就只能等于1？幻想其实也有其道理的：1+1在开始的时候或许真的就等于1。后来这对夫妇不仅发现了内部的分化，同时还发现，这种分化是很必要的。首先，个人希望获得爱情和共同生活，但同时不会失去自我的身体和灵魂。这样，1+1=2。然后，通过划定双方在一起的时间，与此同时保留双方的个人时间[1]。这样，1+1=3。最后，正如我们所看

---

[1] 辛格力（Singly）：《一起自由：同居生活中的个人主义》，巴黎：纳唐出版社2000年版。

到的，大家会意识到，不和谐会慢慢地被冲淡，因为生活充满了变革。不和谐还会逐渐再出现，但很明显，伴侣也带来了他自己内在的矛盾，与我们自己的行为在很多点上存在着对立。这样，1+1=4。

第一波精神打击

伴侣间最初的不愉快现象是双方融合统一过程的标志。当双方都一起向前迈进，去建立共同的文化时，意见的分歧就会迸发出火花。有时会发生在共同生活的早期，但总是和开始建立的夫妻生活习惯有关系。如果阿尔忒弥斯（Artemiss）被小狗弄得异常恼怒，这多少是因为小狗并非她的"特长"，尤其是小狗搞乱了她所沉溺于其中以至于忘却自我的爱情气泡。"养小狗，我可不擅长！当我在男朋友家里时，之前我们分别了一段时间，我们想一起度过一个特别激情的夜晚……问题来了，第一，他周末要照顾这只可爱的小狗，它就像有脚的香肠，毛发颤动似黑人的卷发；第二，这小狗几乎和我一样依恋我的男友……可以说非常非常依恋！我给你们描述一下，我亲爱的和我舒服地躺在床上做着一件比一件有趣的事情，突然这畜生就开始挠门……我那位亲爱的一听见他的大宝贝的呼唤，就去开了门。还有不能预见的事情：当小狗听见一点可疑的声音，比如呻吟什么的，它就开始狂吠，最终我不得不整晚都忍着。唉，好吧，要是我们在外面干什么，它就叫得更欢了！最糟糕的是，只要我们一准备睡觉，这畜生就立刻爬到床上来……如果你想要养一只小动物，就养一条鱼吧。"

不满并不只发生在夫妻生活中。我们也会被朋友、同事，甚至有时候被一个陌生人激怒。但每次的原因都是在融合统一中受到不和谐的困扰。和他人分享生活越紧密、亲近、周而复始和形影不离，争吵出现的风险就越大。相反地，同居给了我们一个绝好的研究课题。如果相处的时间不是很长，不是计划正式结合，同居更好地避免了共同生活中大部分的不满，因为这种情况下同居，一般来说主导的想法是宽容和向另外一个拥有新鲜感的人敞开怀抱，赛琳·布遐（Céline Bouchat）称这些为"酷的赞歌"[1]。尽管同居的伴侣们用这种方法来延长新鲜感，抵抗组建家庭的压力以及夫妻间过早出现的生活僵化。但是，某些场合和活动会慢慢累积变化，使两人距离更近，爱人间的问题更多，进而引发不满，可能会突然间爆发。冲突有可能是如何打扫，尤其是如何摆放冰箱里杂乱的个人物品。托马斯（Thomas）爆发了，说："冰箱的肮脏让我无法忍受。当你找到一个完全发霉的西葫芦，你会憎恶！"[2]

现在，伴侣们也开始崇拜起"小小的酷上帝"[3]。但与同屋房客不同的是：这两个主角要投入到复杂的逐步构建统一

---

[1] 赛琳·布遐（Céline Bouchat）：《这是我家，他们家，我们家……同时哪里也不是：大学宿舍同居人类学研究》，布鲁塞尔自由大学，2005年，第26页。
[2] 同上，第72页。
[3] 同上，第27页。

社会化的工作中。每个方面都依据直觉来测试，从而避免双方的不满，并达成最基本的共识。比如用餐，每个人偏好的味道和（特别是）不喜欢的味道交织在一起就创造出共同的饮食文化，它与两人中任何一个的过去都截然不同[1]。埃琳娜（Eline）和杰克（Jack）开始了统合夫妻生活的工作，他们在很多领域同时开始尝试。年轻夫妇倾向于讨论问题，他们会定期总结经验，而其他夫妻满足于更加直观的调整。举一个出门去玩的例子，他们很快发现在这方面的节奏是不一致的。让埃琳娜来给我们解释吧："我们刚认识的时候，各自的生活方式是截然相反的。还是两个单身人士时，我们的时间安排和社交生活完全不同。我非常害怕独处，所以我经常出去（平日每天晚上都有节目，有时一晚要安排三场活动，周末我经常会安排四场）。杰克就非常宅了，从不安排出去玩，总是等到最后一分钟才会叫上朋友一起去活动（我们去巴黎吃饭，马上），平日很少活动，周末就更不用说了。简而言之，当我们开始一起生活，他先遵循了我的时间表。头三个月对他来说很混乱。他喊救命了，然后我们按照他的逻辑重新制定了时间表。但过了三个月我也受不了了。接着我们在六个月里交替着不同的安排直到稳定下来。我们慢慢达成了妥协：我会比他更多地出去玩，经常安排在平日（女孩们的聚会，其他活动），我们周末会一起出去，但当然不会连续安排四场活

---

[1]霍夫曼（Kaufmann）：《平底锅、爱情和危机：下厨能告诉我们什么》，巴黎：阿芒·科林出版社2005年版。

动……有时候我也会有点冲动：我会在某几个月安排很多的出游、朋友会面等。这当然让杰克很不满。于是我们转而采取极端的方法（我接下来两个周末都不出门），以找回正常的节奏。"这个过程还在继续中，伴随着这个或者那个人的不满，造成急速的转向。在慢慢形成的解决方案里出现了重要信息，一个可以让我们走得更远的细节信息：通过制定个人专属时间（女士们的聚会）来消除不满。"我一般在平日比杰克出去得多些，和我的同事、朋友见面，有时候是周六下午。但周五、周六晚上，以及周日是留给我们一起出去的时间（和朋友一起或就只有我们两个）。"

节奏在"家里—出外""一个人—两个人出去"之间转换，相互协调后，逐渐稳定下来。除此之外，家里还有其他棘手的问题要解决。例如做饭。"要知道我们每天吃什么对我们来说也是不满的来源。"对吃饭的方式（吃个快餐还是在大餐馆里吃点东西），对食物的选择，以及谁负责做什么，这些问题的细小分歧是无穷无尽的。"我讨厌每天下厨，"埃琳娜抱怨道，"可杰克喜欢下厨，但仅限于吃。"既然他喜欢，为什么就不能多在灶台边上待着？这种不一致是最烦人的。不满总是来源于关于思维和行动模式的冲突和不协调，有时会只在一个人心里，有时候就会把夫妻两人分成两个阵营。这里的不满首先来源于最简单和非常传统的日常小摩擦，让埃琳娜和杰克在确定谁做饭这件事上对立起来。但当埃琳娜发现对方的外在与内心不一致的时候，她的不满会加剧。因为杰克内外不一（他拒绝做得更多，即使是他喜欢的事情），合情合理地，他应该是第一个被骂的人。可是，不满中新的细微变化能在夫妻关系中把恼怒偷偷地转移给了对方。

但是做饭与令人筋疲力尽的整理脏乱的家务事相比简直不能相提并论。"我们有两种处理家务的方式，基于此的不满到现在还依然没有解决。对我个人来说，我选择每周固定打扫的时间，比如周六的上午一起干，两个小时就能都干完，一周一次就可以。杰克做家务就是比较随机的：在我有心情和有时间的时候（比如星期中间早点回家的时候）干家务。结果是他让我恼火，因为我觉得他并不投入，我惹恼他是他觉得我老是在这件事情上抱怨。现在我们在周末打扫（我强加给他的）以及随机做家务（我非常失望）之间摇摆。"杰克所宣扬的随机做家务的方法在男人中是比较普遍的。一般来说这方法的好处在于：在男人这边，（做家务的）可用时间和意愿显得更稀缺（好像变魔术一样），平等分配家务的理论也仅是理论。在收集了埃琳娜的说法后，我没有足够的资料来证明杰克同样利用了这个借口。埃琳娜被多种纠缠在一起的不协调所激怒：对于物品混乱程度的看法（与她私下的计划相冲突）不断地惹恼她；两种处理家务方法的口头冲突；以及在更具体的事务上的争斗，比如谁来扫地、谁倒垃圾。更可怕的是，她不确定杰克是否故意采取了这种阴险的虚伪态度。

然而，他们两人都有能力来重新审视这些挑战。他们经常沟通和商量，借助于不满和争论，不停地调整和改良。这让他们可以对纠缠在一起的不同力量进行对比，对有不满的家庭体系的建立有了更现实的了解。这种夫妻关系建构的过程是以往历史上不存在的。这是随着等级形式的消亡而在社会上出现的，按照传统，每个人在等级体系里都有明确的分工（男人掌握权威，但在家庭和家务领域不做什么具体的事情）。这种预设的等级形式现在至少在理论上已被两个平等个体间的家庭角色分工替代，甚至在很多事务上相互替代。因此，这必然会导致相当长时间的调整，不满在其中起到了主要作用。然而，力量的对比并没有消失，只是变得更加隐秘和巧妙。一个聪明的丈夫用夸张的不满来要求免除家务的劳役并不稀奇。在埃琳娜和杰克间，这样的小滑头很是罕见。我问埃琳娜：杰克是否有时会利用这样的花招？她回答我说："不，我们之间不是这样的。我的回答是诚恳的，因为我们在回答您的问题后，一起讨论过这个问题。我相信我们的关系处于平衡和失衡之间，因为它经常会受到日常生活和难以预测因素的挑战。例如，有一段时间，我失业了，力量对比的变化迫使我失去了方向和信心，觉得自己没有用，包括在伴侣关系中。杰克显而易见地成了关系中强势一方，代表了稳定、金钱和信心……所有的一切在那时都失去了平衡，包括我的独立和财务的稳定，我只能一个人白天在家里干家务……隔了好长一段时间我才找到新工作。经历了多次的危机和讨论，我们才恢复了两人都满意的平衡状态，尤其是对我来说。我们总能在讨论和醒悟后达成某种形式的平衡。还有就是我们在其中也有很多不满，每个人都不想失去对另外一个人的优势，但从来也不过分。"

埃琳娜和杰克在这一点上的确是不具代表性的。实际上，大多数夫妻，即两位主角会毫不犹豫地挑起虚构的不满，或者至少装腔作势，强加符合自己想法的决定。通常他们都没意识到这一点。路易（Louis）的的确确被安娜（Anne）的妈妈给他们的小桌子惹怒了：这桌子本来是给这对小夫妻布置房间用的，但太过"家庭化"或者"中规中矩"，给人陈旧的感觉。安娜还记得路易的怒火："他建议我把桌子扔了，因为我们不喜欢在桌子上吃饭。在上面吃晚饭……显得好傻啊。"她一边模仿一边笑着，"我喜欢在矮桌上吃饭，觉得更自在。我们去一些日本店看过，因为我们想买一张低调的大方桌。[1]"因为在建立夫妻关系体系的时候经常会有（来自一方的）不满，会使夫妻俩跌跌撞撞并做出关乎未来的决定，它承载了一种道德观念、协议和行动的方向。这里同时也显现出一种突然表现出来的不可思议的共同美感。就像施了魔法，宇宙中的各种价值与形式统一在一起，让人向往；在低调和谦逊的同时，又有着不浮夸的差异，隐隐显出细小的不同。安娜曾恼怒过，也用她的火气回击过。但路易给了她足够的力量在梦想里翱翔并实现它。"我在圣诞节逛了日本店，找到一张漂亮的天然柚木的方桌，桌腿也很好看。桌子很漂亮，我想等到一月打折就买。我等到大降价的时候就和路易一起去买，我还通过电话预订了，我们周六去的……我记得我非常满意。然后，就在那一天，他和我提到了他姑婆的桌子……那张柚木桌

---

[1] 由玛丽-帕斯卡莱（Marie-Pascale），安林克-洛伦兹（Alhinc-Lorenzi）收集和引用的证据，《青年同居研究：伴侣融合中标志性事物的角色》，勒内·笛卡儿大学，1997年版，第44页。

子还是蛮贵的。一月的某个周末,我们去了他妈妈家,他妈妈给了我们惊喜,拿出一张桃木桌。桌子不错,也很实用……能升高和折叠……我们还省了钱。"美梦结束了,忘记日本式的美学吧,安娜被说服了,毫不反抗地接受了。金钱方面的理由会挡住道路。好好总结一下,这里有个事实被掩盖了:引起不满的缘由不合常理地被同样的事件(拿家里人的东西)所代替了,另一张桌子也是家里人送的。只不过是由安娜的家人变成了路易的家人。

按照年龄层进行的夫妇间吵架次数的数量分析显示:越是年轻,争吵也越多[1]。随着年纪和共同生活的时间增长,吵闹会减少。这个观察有些惊人,但也完全符合逻辑,因为调整的过程和共同世界的确定在夫妻生活的初始阶段是异常复杂的,需要大量的磨合。事实上,我们的观点会被那些不是那么痛苦和激烈的争吵所扰乱。吵闹深植于生活的演进中。不满并不是那么容易感觉到,它们相似并且不会让人太煎熬,那是因为有一个有代价的简单原因:它开启了运动,发觉了新的方法和更合适的组织系统。"这些是我们最开始时的不满,我们搬到一起住时发生的:我们有各自组织生活空间的方式、物品摆放的方法,但我们很快达成了妥协,也随着时间不断在改进。"埃琳娜说。与夫妻生活一段时间后将发生的事不同,每天都有在不同方面改变的机会,两个人都是开放的,在文化上是

---

[1]布朗(Brown)、加勒帕尔(Jaspard):《儿童在夫妻冲突和暴力中的地位:研究与预测》,2004年第78期。

可塑的。不满，只是花些时间来调整那些长期不断重复的行为。

夫妻的安逸

一起生活是场冒险。情感的冒险，当然也不能摆脱过去。冒险也是每天都有的，因为亲密空间的创建深深地重新定义了两个个体。方式方法可能会长期存在，也会在细小的事情中展现出来。如果没有接受旧的桌子，安娜和路易本来可以选择美学上与众不同的东西。但相反地，异国低调的考究现在只是被遗忘的梦而已，都消逝了。

通常的冒险必然充满着各种情感，它们发挥着自己的作用，无论是愉快的还是痛苦的，就像是前进的能量。小打小闹虽然来得频繁，但也几乎不会让人产生真正的不满。基准最终趋于稳定，负面情绪也不会轻易爆发，除非是突然而来的或者是持久无法协调的情绪。可惜的是，因为夫妻共同改变的进程很缓慢甚至停滞了，两人做出了更多的伤害并发现越来越多的前进道路上的绊脚石。阿涅斯发动了战争，目的是让吉恩学会整理自己的衣服，吉恩却把衣服走到哪儿堆到哪儿。战争爆发有时候来得很猛烈但又消失得无影无踪。因为怒气被打消了，随着阿涅斯觉察到了吉恩的进步：他一直在努力并做出改变。时至今日，他几乎能达到模范水平。除了还有一些遗漏，当然只是一些小插曲，其中嵌着吉恩绝对不愿放弃的自由。

阿涅斯道："刚开始的时候真的很令我生气，现在没那么拖沓了……"

吉恩说:"没那么拖沓了,但你的不满却越来越多!"

阿涅斯渐渐地感到情况已经有所改变了。持续的进程已经翻开了另一页,他们已经进入了共同生活的新篇章,被稳定下来的日常基准和对舒适生活的追求所主宰。追求舒适安逸的共同生活不应该被谴责,这甚至是不可避免的。这种追求是物质的、客观存在的,随着逐步配置、装饰自己的家,最后把它变成了一个安乐窝。这种追求更多是基于心理上的和对自我身份的一种归属感[1]。在我们激进的、实际上是不稳定的社会中,今时今日,夫妻越来越成为重新获得舒适和安全的工具。因此,围绕着饭桌,各人经常一开始就倾诉当天的不愉快,确保得到配偶富有同情心的倾听和有治疗作用的支持。但往往,追求舒适是更基本的需求,甚至变成是回归自然。家成为这样一个地方,让大家终于可以解脱、远离不间断的竞争和审判性的眼光,尽情享受简单的快乐,找回舒适和无拘无束的乐趣。最底层的舒适是基准得以稳定,生活程序得以简化,为回归自然的行为添加上一点模糊的精致。通常这种回归自然的倾向会在夫妻中的一人身上更为强烈,随着一方越来越沉浸在待在家里放松的小乐趣当中,另一方终有一天会发现,自己不再去想象、不再因被反对而惊讶,而且梦想离他们越来越远了。"我很喜欢出门,逛商店,探望朋友。但他就不喜欢出门,他喜欢待在家里,不受人干扰,所有的时间都是他自

---

[1] 霍夫曼(Kaufmann):《自我创造:个人身份理论》,巴黎:阿芒·科林出版社2004年版。

己的。但我呢，整天待在家不见人，会很不自在。"伊莉莎（Eliza）说。

夫妻为了自私的治疗目的，过分地利用夫妻关系会引起两人关系的动荡，会使夫妻关系变革的进程停滞，进而使争吵的内容固化，还会让争吵没完没了。尽管他或者她都曾努力吸引对方，而现在这些都不是他们关心的问题了。他（和她）在出门的时候都会仔细地装扮自己，不管是仅仅出去买个面包的时候，还是两人单独相处的私密时刻。难道自己的伴侣会奇怪地变成最后一个才发现这些变化的人吗？于是，一个问题出现在脑海里：夫妻真的应该走到这一步吗？不满的增加表明这个问题的答案是否定的：不！明显过多地越过了红线。"在我们十年前最初相识时，我们应该有些矜持，没人在对方面前放松。我好好地想了一下，现在这些习惯和常规大概花了五年才最后扎了根。我认为，这种常规是不对的，我们越来越少关注对方，既然我们如此了解，为什么还要互相打扰呢？"阿佛洛迪特（Aphrodite）既吃惊又失望，特别是被她丈夫那些随意的举止激怒，比如："抠鼻屎、啃手指甲和脚趾甲！更不要说当我贴在他身旁看电视的时候。"她突然开始指责："够了吧！你想啃我的指甲吗？"弗朗西斯（Francis）千百次地道歉，但阿佛洛迪特被愤怒所裹挟，在痛苦中不能自拔。"他这些小把戏让我非常恼火，但我总忍不住要对他说。"她丈夫也被这不合时宜的叫喊所激怒："我也许才是最被惹恼的人！"用一种更合理的方式来控制事态的变化，并捍卫自己的自由和福祉：为什么夫妻间要有所隐瞒呢，如果每个人都要不停地隐藏和控制自己，那两个人在一起有什么意思？用以反制吵闹的策略要实施起来可没有那么容易。阿佛洛迪特过度的自我抗争意识把她置于一种统治的地位，强加于他人的行为模式（为了减少不和谐而错误地强迫伴侣），反过来，会引起对方的不满。不存在统治者和被统治者，但存在两种竞争理论的争斗。在理论模式和其实践之间的不和谐，导致了两个阵营的分立：非自然的良好行为与自由。同样佐伊（Zoé）也不理解："原谅我描述这么多细节，他在往洗脸盆里吐痰时总要先清清喉咙……对于他来说，这种私人的习惯没什么好让人惊讶的。"

另一种被打上"烙印"的丈夫可能思考的是同样的事情。梅洛迪（Melody）称其为"他"，他被钉在耻辱柱上，是因为他没有尽到释放魅力的义务。日常的小风波不是发生在沙发上，也不是在看电视时和卫生间里，而是在餐桌的礼仪上，我们可以发现这经常是吵闹的原因。"在饭桌上他吃完菜后总是舔盘子，用面包擦，习惯性地擦每个角落，然后仔细把最后几滴残渣也擦干净，最后贪婪地吞下湿漉漉的面包片。他给我的印象就是拿个破拖把在抹地！我感到恶心，而且与我接受的有产阶级教育相抵触，我们不能这样吃饭（我们只能用叉子头插一小块面包）。我欣赏优雅和考究。我丈夫很帅，仪表堂堂，但他对自己的形象不屑一顾。一个简单的动作，他就能让我想到无产者的不修边幅（喝着啤酒，嚼着香肠，挺着大肚子，还打饱嗝）。魅力值顿减40分！"梅洛迪一直很满意自己细微的观察。从此，她"进入了高速状态"，"每当他开始要伎俩时"，她就"高声惊呼"，完全没有意识到反作用的激烈程度。"这时候我会端起架子，大发脾气，变得专制，虽然只有一方激起'迷恋——欣赏'的关系，使性的'火焰'维持不息，才对夫妻关系有利。如果这不是自发的，也毫无用处。"

加倍使人恼火的事物

围绕着我们的这个小小世界里的事物占据着不满的中心位置。因为这个小小世界不会只满足于围绕着我们。那些让人熟识的事物不只是简单的装饰。它们通过人的日常动作，在人的内心最深处支撑和塑造着人们。我强调过：不满通常来源于组织我们日常生活的下意识模式与被事物占据的"不正常"区域之间的不和谐。"肮脏"曾被解释是没有客观标准的[1]：它是长期社会生活构建所导致的约定俗成。"肮脏"，简单地说，就是一种特指的物质没有处于它理应安放的位置。泥土本身并不脏，但是如果它在房间的地上或者沾到鞋上就变得脏了。所有问题都来源于定义本身，但这因人而异，夫妻间也同样如此。夫妻相处的时间越长，每个人就越能发现使自己恼怒不已的东西对自己的伴侣毫不起作用，反之亦然。那些微小的细节（扫帚的摆放、堆叠物品的方式、装饰的选择）都会立刻导致微妙和冗长的文化冲突。出发点是一个让伴侣双方都恼火

---

[1] 玛丽·道格拉斯（Mary Douglas）：《污点：污染概念及禁忌》，巴黎：发现出版社1992年版。

的东西，此后事件有可能向很多不同的方向发展。在路易被岳母送的桌子激怒后，夫妻俩应该能投入到一个更合一、崭新和牢固的世界（日本审美方式）。吵闹能导致变动，并加强统一。相反地，使人恼火的事物不仅仅会无休止地待在那儿，还会传递令人不适的信息：你觉得如此亲密的伴侣其实生活在完全和你不同的世界里（审美和情感的角度）。这些东西加倍使人恼火。它们就像肮脏或者无次序一样扰乱大家。而且，它们每次都会吸引你的目光，告诉你一个你不想听的故事，就好像那个梭鱼标本的悲惨故事。

由苏菲昂·贝尔杰德（Sofian Beldjerd）领导的调研[1]，对玛丽-安娜（Marie-Anne）进行了长时间的访谈。谈话的内容非常富有表现力，我在此选取其中一大段。所有都开始于一件不期而遇的事情，也是后续事件发展的基础。"我们本来要去度假，但……出发头天晚上他对我说：'看，我要去钓鱼了。'然后他就去钓鱼了。当他回来时，非常激动和高兴，就像有人给了他全世界的小朋友。

"'来看看，来看看，我钓到一条梭鱼！'

"'好的，挺好的……'

"'你想想，这可是我钓到的第一条梭鱼……'"

丈夫想把鱼头砍下来然后给标本制作师。玛丽-安娜表示很难理解，她觉得这种爱好很奇怪，因为这样的事丝毫不会让她兴奋，却把她丈夫带入一个让人无法理解的激情世界。

---

[1]一篇社会学论文中的正在进行且还未发表的调研，巴黎五大。

她立刻采取防守的位置，但还不知道如何对抗，也许出发去度假能缓解一下形势。"我觉得一点意思都没有……真的，对我来说，这就是一条鱼，还不错……但是收藏一颗这样的鱼头……我看见野猪头就已经觉得不舒服了……我的确……这让我难受。他对我说：'哦，不要，我……'"然后她放弃了，心里觉得这只是她丈夫个人的事，与夫妻关系无关。"去吧，这是你的梭鱼……"但故事没有仅止于此。"我们就出发度假了，回来后他就去找他的鱼头，它已经安装到一块漂亮的木头上了！

"'把它放在哪儿呢？'

'啊！！！'"

玛丽-安娜接受用复数人称（使用"我们"而不是"我"），使大家都投入到夫妻生活不愉快的横生枝节里，但是也用外交辞令坚持着自己的意见。

"'把它放哪儿好呢？'

"'我不知道，但我不想老看到它……我不太喜欢。你自己想个法儿摆在一个角落吧。'此后他去工作间待了一会儿，然后说：'哦，你看看，我放这里（在客厅里）！'他看见我心情激荡！然后……然后就开始了没完没了的梭鱼头旅行，从一间房到另一间房，在每个人的喜好中摇摆，想找到共有的所谓的欣赏趣味。他说：'我想把它摆这里。'……他还尝试让我决定……我觉得鱼头在屋子里的所有墙壁上都会有点小……至少在客厅和饭厅的墙上。后来我对他说：'哦，不，不想放这里！……等等，这里我不喜欢。'但是老公毫不气馁。

"'玛丽-安娜,来这里看看!'

"'啊,这不好看……'他把梭鱼拿了下来,把画放回去了!"直到有一天他被欲望所征服,忘记了夫妻间的有商有量,硬是把梭鱼放到客厅。玛丽-安娜决心要偷偷地发泄不满,时不时说两句抱怨的话。"我对他说:'这个东西长这么丑!'我经常对他说:'看看,它太让我……我可不喜欢它……你的鱼头……'他是知道的,他多次对我说过:'我知道,你不喜欢我的鱼头!'但好吧,我们不能总是在这件事上争吵。他觉得我不喜欢这个东西,可他很喜欢,最后……我们就不聊这件事情了。"幸运的是,经过这么多年的家庭冲突,可怜的梭鱼事件算是妥善解决了。首先要采取的方法是:双方都能接受的妥协。"有一天,他把梭鱼取了下来,然后问我放哪里。我回答说:'随便哪里,只要我看不见就好了。'他说:'好吧,我把它放在厨房吧。'我回答道:'好,还挺有逻辑的,这不就是食物吗……'因此最终放在厨房,我挺满意的。'但你要把它放在一个我看不见的地方。'"丈夫最后把鱼头放在了他吃饭位置的对面。多年里,玛丽-安娜吃饭的时候都会背对着梭鱼,不让目光接触到这"可恶的战利品"。不过最终的大团圆结局是她想也不敢想的。"我想可能是多年来吃饭的时候都要对着鱼头,他也有点受不了,因为有天他开始跟我说:'我的梭鱼头,我把它放到工作间吧。'我有什么反应?你们想想便知!我回答道:'当然,当然,真是个好主意。'接着,他把鱼头放在了他房间里!……有一天,他把鱼头拿走了。"

故事片段

那些或激烈或和缓的对于事物的争论，经常显现为个人和夫妻关系间的对决。除夫妻关系外，双方都有各自的身份领域，至少大家觉得是这样的。这种分裂的倾向尤其在某些空间的物质性上显现出来。夫妻发现自己的小领地会奋起反抗夫妻共同结合的事实。克劳迪（Claudie）觉得皮埃尔（Pierre）除了政治什么都不关心，各种书籍和活动的材料广为传播，每天都在证实上述的这点。"我觉得皮埃尔会把所有事情都置于家庭和夫妻生活之上，这的确是让我非常不舒服的一点。"克劳迪只是想简单地控制过分的行为。但是在卧室里，她毫不掩饰她的反感。在这个高度象征着夫妻间隐私的空间，一堆堆书和贴在墙上的宣传告示就像对他们夫妻、甚至家庭的宣战书，让她觉得受到冒犯。"我可是活在日常生活里，我会贴孩子的照片……我更喜欢他能把卧室看作我们自己的空间。"

伴随着夫妻关系，一个人的个性和另外一个人的个性之间的摇摆、事物的争斗在漫长时间里接近线性发展。因为事物逻辑不断地堆积，层层累积，但不能磨灭原来的印记，并在生活长河里建立起坐标。这就是为什么像搬家这件事是那么累心[1]：分拣和重新摆放物品完全超出了技术层面，代表了身

---

[1] 德杰（Desjeux）、蒙加尔（Monjaret）、塔彭尼尔（Taponier）：《法国人搬家之时》，巴黎：PUF出版1998年版。

份的重组。其他事件和生平的中断（或者更严重的事）会破坏这种线性发展。有些不期而遇的戏剧性事件（离婚、事故、失业）、有些令人欣喜的事件、有些令人期待的事件，令生活有节奏地向前：孩子出生，孩子离开家，退休。孩子的降生会比预想的更加扰乱已有的生活。有千万件事情要紧急处理。新父母同心协力来面对威胁家庭的混乱，夫妻也显得更加团结。一旦大风暴过去，那些掩盖了过去生活小小失败的努力都会变本加厉，让人备感疲劳，甚至劳燕分飞[1]。如还没有到这种程度，一般来说家庭成员的增加会产生不合常理的变动。孩子的存在和新的教育需求要求家庭成员更紧密地结合，家长要为人表率。但是（我们自此从了解相反的定理开始），统一的要求越强烈，不满越会激烈地爆发。佐伊接受的教育使她在内心的某个角落成了"小检察员"。在和查尔斯－亨利（Charles-Henri）开始生活时，"小检察员"好像还在沉睡中。她的伴侣有些奇怪的习惯让她暗暗觉得惊奇：在洗脸池里吐痰，舔餐刀，乱扔衣服。这些都随着时间的流逝慢慢唤醒了"小检察员"。但是，她的反抗只在第三者在场时爆发，揭示这些习惯多么不能接受，尤其当孩子降生时。"舔餐刀时如果有人在，我就觉得很丢脸且难以忍受，会开始攻击。我不能忍受我的孩子们像这样表现。此外，我们之间矛盾升级主要由于他做的和我教育孩子们去做的相反（餐桌礼仪，收拾物品，讲话

---

[1] 格博劳兹（Geberowicz）、巴鲁斯（Barroux）：《婴儿冲突：孩子对夫妻的考验》，巴黎：阿尔班·米歇尔出版社2005年版。

有礼貌等)。当他在洗脸池里吐痰时,'小管理员'向我报警,我不想这些行为对孩子来说成为自然,因此我向我老公解释,他竟然觉得很受伤。过了几天,他又重新开始,矛盾就升级了!对于丢在客厅中间的袜子,我突然想到:我们总是吼孩子们去收拾他们的鞋子和拖鞋,但他总是乱扔东西。于是我很客气地和他说,如果他要求孩子做什么,他首先要做个榜样。如果早上我看见袜子还在这儿,我就扔到他的早餐里。"以家庭和孩子的名义,夫妻间的战争爆发了,直到把袜子扔到早餐里。

孩子的来临使压力升高,节奏变快,更要求统一一致。孩子的事情也是争吵最经常的原因[1]。唉,就算他们离开家,也并不总能解决问题。因为一个问题(教育冲突引发的负担和疲惫)突然会被另一个问题所替代,都很棘手:没有想到的是,夫妻间面对面会让事情更棘手。当交流失去了其密度(小小的餐桌也被沉默所威胁),一起相处的压力加重,且无法逃脱,就会引起矛盾的爆发。这种情况将随着步入退休而恶化。与过去不同的另一种情况出现,它更严重,让人无法容忍。恼怒的博格(Berg)先生发现[2]:"当品位像这样变得截然不同,生活不再是生活。"路易太太抱怨道:"他疑神疑鬼又关怀备至,而且他让自己无处不在,让人窒息。他问

---

[1] 布朗(Brown)、加斯帕尔(Jaspard):《儿童在夫妻冲突和暴力中的地位:研究与预测》,2004年第78期。
[2] 事例由文森特·卡拉德(Vincent Carade)收集,参见《退休夫妻》,雷恩:雷恩大学出版社1996年版,第93页。

我:'你去哪儿？去多长时间？'这让我有那么点……不太满意。"她以前会时不时去商店转一圈而没有人发觉。瓦尼耶（Vannier）太太深有同感："我再不能说话，打电话，什么也干不了……哼，以前我能做做园艺，在花园做些想做的事……但现在，'你去干吗？去哪里啊？你去过哪儿？'真是……"博朗克（Blanc）太太总结道："我觉得，这是退休生活中最可怕的事[1]。"事物相生相克的定律（统一带来不满）在这里还会得到验证，不再是因为伦理一致的意愿（例如在孩子教育方面），而是因为在物质上对于空间和活动的分享都得到了加强。保留一些自主的时间并不总能解决问题。以弗兰基（Francky）为例，他不是个典型的退休人士，在事业取得成功后他决定在40岁时退出职业生涯，更多地享受休闲和家庭生活。但形成对比的是，宣称的幸福生活使夫妻之间的不满更出乎意料和难受。"啊，终于拥有自己的时间了，去做各种我以前梦想的体育运动！最开始的时候真是诗情画意。我们在南部买了一栋梦想的度假屋！对我来说变化太大了！早上再没有闹钟，没有压力，总在度假，有充足的时间从事各种活动：家具修理、园艺、山地车、摩托车耐力赛、运动射击、健身等。这段时间最大的问题是我待在家里更多了……唉！你也许会说，又一个大男子主义者。不，我仅仅是一个想更好安排家庭日常生活的人。但什么也没干成！总是有争执，甚至是对

---

[1] 事例由文森特·卡拉德收集，参见《退休夫妻》，雷恩：雷恩大学出版社1996年版，第82-83页。

抗……两个人的生活真不容易！挑衅的话随着年纪越来越让人不满，真是奇怪。"

我描述婚姻生活的演变直到目前，有些东西真的令人绝望：冒险后建立生活秩序所引起的不满、生活记录的中断，就像瘟疫或者霍乱，要不就是围绕着孩子问题太多太累的讨论，要不就是空洞的面对面的窘迫。幸运的是，这只是一个故事的版本，而且完全有可能变成另外一个故事。弗朗西斯科·阿尔贝罗尼（Francesco Alberoni）[1]的调研质量并不高，我认为他不考虑现实情况而强调了夫妻间的制度化，这等同于丧失情感。因为新的理念会代替旧的，爱情是一种变化的关系，日复一日在变化当中，不一定会变得越来越差。随着年龄增长所拥有的温柔慷慨不同于年轻时的一见钟情。爱情同时是一种很具体的关系，关系到很多动作手势、想法、细碎平凡生活中的字字句句；它并不就是一些特定的时刻，那些有别于日常生活的时刻。相反地，这往往是双方的某一能力的提升，或至少在软化粗暴的东西，使他们的故事能走向一个玫瑰一般的版本。生活中一成不变的常规是无可避免的，我已经提及过。这些常规满足了社会的需求，在个人的现代化进程中显得越来越迫切。他们不应该过分侵犯对方，而应留有空间，可以让两人相互关注、产生惊喜和创意[2]；否则，这些常规就

---

[1] 弗朗西斯科·阿尔贝罗尼（Francesco Alberoni）：《爱的冲击》，巴黎：帕克出版社1993年版。
[2] 布雷顿（Brenot）、《创造伴侣》，巴黎：奥戴尔·雅各布出版社2001年版。

会打开一条通向越来越多不满的通道。对于后者,我们将会在书的第三部分具体地谈到,有一些策略可以减轻不满,并可视为日常生活中产生爱的方法。不满是一种工具,使得共同生活得以运转,它是不可避免的。它是处理复杂的爱情关系的艺术。每一个被战胜了的考验都会促进小群体的融合,而不是使其分裂。

在这条通向平凡的幸福的道路上,会出现很多障碍。有很阴险的日常事件,可以放大到超出可容忍的限度。也有相反的,伴侣的一个突然间的转变,会令人惊喜。有时候一个细节,很可笑的,就足以产生很多障碍;大家还记得梭鱼头的故事吧。然而,也有一些激情是很扰人的[1]。辛迪(Cindy)给我邮寄来了她的证据。她的信是这样开头的:"我从来不相信一辆摩托车可以有这么大的伤害。"她说的可不是交通意外,而是破坏他们夫妻生活的东西。当然弗瑞德(Fred)有摩托车的梦想,这是她知道的。他年轻时就已经想考摩托车驾照,但是机会已经错过了,她认为这只是一个已经被遗忘的梦想;但其实这个梦只是休眠了。在他们的邻居买了一台摩托车后,激情重新被点燃了,邻居给弗瑞德施压:"你得有自己的乐趣,不然工作是为了什么?"然而,夫妻间一个更深层的因素就需要被探究了:弗瑞德,面对辛迪时无精打采(他自己说

---

[1] 布隆博格(Bromberger):《一般兴趣:从足球比赛到听写大赛》,巴黎:巴亚出版社1998年版;勒·巴尔(Le Bart)、昂布瓦斯(Ambroise):《甲壳虫乐队的崇拜者:爱好社会学》,雷恩:雷恩出版社2000年版。

是因为工作很累），一旦提起他的车就很兴奋，他是在找借口逃避辛迪。"自从他买了这台昂贵又巨型的摩托车后，他就不再只听她的了。"辛迪觉得自己像不存在似的。她的不满并不能发泄她的愤怒，因为这只会加快他骑着摩托车逃离。后来，她用食物来报复自己，她重了21公斤。

伴侣的变化也许是渐进的。亚尼斯（Yannis）慢慢接受了环保的理念。这种缓慢的变化现在则是两人共同的观点。"结果我们有些行为极端化了。"也包括在私人领域：他会为了让他太太在家附近购物时不开车而开战，或者监视她在家里的行为。"看看，两三年来，我变得对节能上瘾了，这让我太太不满，例如她离开房间时忘了关灯或者关暖气，于是我毫不留情地说，这里可不是凡尔赛！她很惊讶，有时候充满了恶毒的不满。不管她彬彬有礼地说'滚'，还是大发雷霆，我都能看见她眼里的意思是'不要惹我'……"夫妻间交流的精细结构也许会因为某个人的变化而深深地改变，这一点就像违反合同。有些变化可能让人心情愉快，但更多的变化不是那么愉快的，这比接受在记忆中伴侣原来的身份更困难，虽然这已由历史形成了共同无意识行为并留下深刻印记。其他的失调（伴侣新的、旧的形象）还会加剧这种不满。

第二章 男人和女人，分歧还是互补

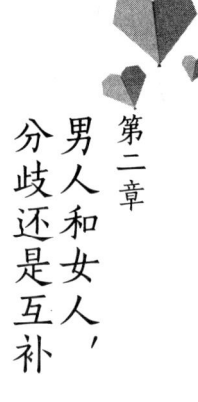

如今的夫妻生活开始时就像是一张白纸，一切皆有可能。刚开始时，甚至会采取游戏的形式来完成家务，一切都被一层恋家短剧的老式魅力包裹着，大家都不会想象到之后日益加剧的烦琐沉重。做饭就像过家家，打扫时也充满欢声笑语。但只需要几天，大家就会意识到最低限度的共同活动是很有必要的。要怎么做呢？因为传统观念下的男女角色不再存在，也不可以强迫。唯一可参考的是，大部分夫妻所采用的一个不太明确的方式，就是男女大致合理地分担家务。正如很多其他领域一样[1]，只有通过经验才能来划分，要反复摸索和尝试。虽然各自都努力去尝试，但很快就能突显出，来自不同阵营的两个人的自身文化是不一样的。脏乱也许会"打扰"到某人，

---

[1] 杜拜（Dubet）：《经验学》，巴黎：塞伊出版社1994年版。

但对于另一个人却不会。有些人甚至很少被"打扰"到，至少在屋子没有真正变得一塌糊涂之前。我们知道怎样会造成"打扰"并结构性地生成一种不满：当物品不符合内心的小算盘，没有按照内在意识建立的自动机制行事。

通过对比一些扰人或非扰人的事情引起的不满的不同之处，双方发现了现实中两种文化的鸿沟。伊莉莎"看到了妨碍的东西"（会驱使她行动的），而她男朋友却没看到。"让我最烦恼的是家务。我们有完全不一样的看法。有时候我也会懒得去做家务，但我想到完成家务后的那份满足感，我的动力就来了。相反，我的男朋友，对于他来说并不需要知道家里是否整洁。他可以完全无视一堆脏盘子，还说：不要紧的，当我想的时候，我就会去洗的。要是你没法去做家务的话，家里倒是香喷喷的。这个我有经验，当我做了两次腿部手术并且腿上打了石膏的时候，我看到了他做的事情（倒垃圾、打扫、洗衣服等），他并没有无视脏乱。'这并没有妨碍到我'，这是他最常用的回答。"当然也不是不可能，可以让他自愿增加一些他看不到的和不会被打扰的事情（这需要更多的调研证实）。一些男士会直觉性地发展这个巧妙的战术，让自己的妻子承担更多的东西。因为，无可避免地，双方中更恼火的那位将会开始工作，重建那些干扰物之间的联系，处理那些妨碍自己并且不符合内心小算盘的东西。但这样一次、两次、三次，互补的作用将会逐渐出现。更恼火的那一位，成了任务专家和老板。没那么生气的那位成了旁观者。

内心的小算盘是由各种小零件组成的，这些小小零件是一代一代传承下来的，有着悠久的历史渊源；这些历史被本人所忽略了。已经沉睡了的模式，在新的夫妻生活背景下被重新唤醒。每个人都会自我意识到（同时，也会发现对方的差异甚至是陌生感）。在15天的共同生活后，杰拉尔丁（Géraldine）惊讶地发现伯纳德（Bernard）对衣服的吹毛求疵，她至今都不需要熨烫衣服。她很欣慰，觉得她可以在其他地方做出补偿。"我发现自己对厨房的一切都有点疯狂。"每个人都会发掘出自己未知的方面，并得知这是一个家庭的需求（包括与之相关的吸引力和竞争力），谁去负责做饭，谁只负责烧烤。因为房子里错综复杂的专属领地正在逐步形成。

女性占主导地位（来源于过往那些很沉重的故事），在很多领域中被认定应该是这样的，但这并不能让男性的细微专业性被禁锢了。这正是埃琳娜提出的问题，她想知道杰克是否很快就不会强制那些文件的收纳方法。我们已经看到，为了更全面的家庭秩序，其实它已经有一个良好的开端了，以随机的方式，使男性处于家庭边缘化的传统道路上。具体到文件的收纳上，模式却是相反的。"我们有各自不一样的收纳方法，我会先堆起来直到自己受不了了（15天到3个星期），然后我才会分拣和收纳，但杰克，他要马上分拣。"埃琳娜说。对两种技巧的对比分析表明，并不能确定最终的平衡是因为偏向了杰克这一边。他的确只有一个小的不满，驱使他在现实中执行而不只是提前规划。"他把文件先放到一个盒子里，然后把它们放到合适的收纳箱里摆放起来。这个让我恼火，因为我觉得这样的话其实什么都没有整理（其实这是错的），然后就一直拖下去

（其实也不完全正确）。事实上，我们一直都没有找到一个有效的方法来收纳我们共同的文件。"这场赌博还没决定胜负。十有八九更生气的那位最后会赢得收纳文件的话语权，最终毫无疑问。

功能的区别

不满并不是因为夫妻关系产生的，一个孤立的人也会被由内部失调引发的恼怒所包围。但是在共同生活的最开始这种失调是减少的。1+1=4。埃琳娜和杰克都不满意乱扔的纸屑，但每个人都有自己的方法来收拾，而且方法不一致。不满的增加带来了改变，两个人寻求新的平衡，变动促使专门分工，这来源于不满但也消减了不满。在承担这样或者那样的工作时，两人中最不满的人致力于消除失调并重新塑造个体，当然这个人必须接受更多的工作。但还要很积极才行，因为他自然而然地面临更加不满的风险，例如，伴侣一些不协调的动作，无法避免地承担他不想要的角色。

但是悖论如下：对于他承担了某项工作，那么他就会有专门的分工，并归结到个人，每个人都展现自己的特别之处，并重新塑造个体，但就好像有个高级的共同体，他从此被纳入其中。我们可以观察到夫妻关系的建立是多么复杂，尤其通过转化为中介，不同群体得到统一，并产生共同的文化[1]，但也

---

[1] 博格（Berger）、克尔纳（Kellner）：《婚姻和现实构建》，载于《对话》，1988年第102期。

附加了截然相反的东西：内部对立产生，虽然从功能和结构上问题解决了，然而千真万确的是这带来了差异的加深。玛丽-莱斯（Marie-Lyse）观察到："你越是要扮成蝉，那我就更要当蚂蚁了。"[1]

新夫妇一般都倾向于磨合，这很容易理解：互补性创造了心理上的舒适感，减少个人内心的不和谐。另外，认识到这种个人的舒适一点都不会损害夫妻关系，反而会加强和提升关系的韧性。因此两个人的生活经常会转变为真正造就鲜明身份的机器。而一般的伦理都把平等和身份转换摆在前面，实际则正好相反。卡拉（Carla）对于和"J.P"（下文会提及）之间难以忍受的差异很不满意，还非常惊异地发现其他的差异和最初的不同也很接近，但能积极地处理这些差异，进而产生愉快和有效的互补。"有时候这些差异会美妙地融洽相处，我们能和谐地互补。举个例子，我们刚买了一间公寓，我们有很多工程要做。对于墙纸的选择，我们两个人一起做决定。J.P的安排非常有效（你裁纸，量长度，我贴纸，你把纸递给我，我把它铺在墙上，你来涂胶水），我一点都不觉得不舒服。我把这个当作一个游戏，我跟随他的指令，我是他的小学徒！如果我一个人来安排这些，那简直是个灾难！我们会浪费很多墙纸和时间……就为了干这件事，J.P太完美了！这个时候我就会稍稍放松一下，我很享受这样的时刻，因为如果事情没有按照他想

---

[1]事例由帕斯科·杜拉（Pascal Duret）收集，《伊索寓言·蝉与蚂蚁的故事》，《时间流逝中的夫妻》，巴黎：阿芒·科林出版社2007年版。

的来做,J.P就很容易发火,不过壁纸有时真的很难弄,并不总像我们预想的方式贴在墙上。我鼓励他说:'可以的,你看看,这样扯一下就干了。'为了让他放松心情,我会讲些小笑话,嘲笑我们笨拙,亲亲他,抱抱他,使他放松。我们的状态互补,使干活的时候轻松有效。我对他的完美主义和精心安排完全没有不满意,相反认为太有效了,我觉得这是必须的。"

除偶尔干些零活的技术性互补以外,角色分配还更多影响到两个矛盾的世界(价值观、文化和心理)。对一个井井有条、准时或者焦虑的人,他一般会负责一些可能和这些特性吻合的工作,但也有另一些冷漠,或者躲藏在"舒适理念"面目下的人很让人不满(卡拉知道温柔地包容J.P的过分)。与发生在卡拉和J.P身上不同的是,男性一般都是卡拉这种定位的专家,承担这些工作并不很高兴。爱丽丝(Alice)也带来了一个互补性的很好的例子。"他的舒适状态有时会有积极的方面,能达到缓和局势的作用,要看到好的一面,他帮助我放松,消除不必要的烦恼。当开始焦虑时,有一个完全放松的人在身边太好了,他能在这时抚平我的心,我喜欢也欣赏他保持放松的能力。"独居的人需要经常在两个相反角色间做抉择。夫妻关系则提供了超越一人饰二角的可能性,并能缓解失调,这只有在深刻的身份改变的条件下才能实现。有时必须知道如何深刻地改变个性来饰演等待中的角色。年轻的女孩多萝蒂(Dorothée)曾有过难以名状的恐惧,夜里梦中充满了噩梦(暴力、事故),让她早上喘不过气来,侵蚀了对自己仅有的一点自信。然后她疯狂地爱上了罗伯都（Roberto），他美丽的外表让她目眩，但也掩藏了她后来发现的事情：病态的心神不宁，情绪冲动有时难以控制，使罗伯都难以处理日常生活里的简单情况。多萝蒂吸取了她自己忽略的能量，使她转化为夫妻中的安全基石。对于安全的责任感首先体现在家庭细节的管理中，然后慢慢成为习惯，最后释放出她内心的恐惧，并消灭了恐惧。现在多萝蒂不再害怕，甚至不用锁上门。她很自信地说她深夜游荡在纽约的街头，她的梦里有了新的内容。她重生成为一个凶猛强悍的女汉子，总能战胜邪恶的力量。醒来后她充满活力。

沙粒

理论上，角色互补的方法好像是完美的。实际上，调整是极端微妙的，一点点"沙粒"就能让这美好的机器发生故障。我们可以看到，爱丽丝有时喜欢阿齐兹（Aziz）陪伴在她身边，使其压力减少。"他帮助我放松，不去想那些没有必要的忧虑。"但可惜的是，这种运作中的互补性很罕见。大多数时间，要守纪律还是要随意放轻松的小争吵让人发狂，每个人都试图把自己的观念强加给大家。阿齐兹不安于他应该承担的角色（爱丽丝的意见），尝试把自己的观点强加给两人作为唯一的坐标，这加剧了本可消除的不和谐。更严重的是，应该说他还会运用放松至上的观念赋予的能力来报复，（和蔼地）嘲笑爱丽丝陷于自己的角色，这使她更不满。"可以肯定的是，阿齐兹会利用他所了解的紧张情况在我眼皮底下顽抗，看我被逼成这样，他乐在其中。"爱丽丝加倍甚至三倍地不满，因为阿齐兹已经抵制过她关于严格纪律的秘密计划，尤其在时间管理方面（他总是迟到），毫不犹豫地"负隅顽抗"，他就是在戏弄或者悄悄地报复。但毫无疑问最糟糕的是由此引发的内部失调："很明显，我对我自己生气，为什么我落入圈套，面对这些事情不能保持放松和平静。这就是故事里最让我不满的。"事情发生得太快，她都没有时间来理清这些混乱失调的头绪。缺乏对不满原因的了解，使不满又升了一个等级，她并不能理性地控制自己。小小的事件，也许只是阿齐兹开的玩笑，就能引发矛盾。

我们在上文看到，不满在夫妻生活的最初来源于角色的互换。作为角色互换体系的补充和组成部分，情况促使差异加剧和固化。我们又发现不遵守这样的运行模式成为不满的另外一个来源。实际上在理想的模式里，配角应该能完全置身事外，不再有个人见解，成为透明的、无条件地支持行动的负责人（支配人、主宰人）或者生活纪律。这种配角的隐身在传统社会曾是普遍的，直到第二次世界大战，第一次现代化的终结时期[1]；但如今则是成问题和相对的，现在大家都通过各种方法来实现自我认同，成为自己。配角必须停止思考和发

---

[1] 贝克（Beck）：贝克-格恩斯海姆（Beck-Gernsheim）：《爱的正常纷扰》，剑桥：政体出版社1995年版；杜拜：《机构的衰落》，巴黎：塞伊出版社2002年版；辛格力（Signly F.）：《个人主义是人道主义》，拉图代居厄：奥比出版社2005年版。

声，才能使互补性不产生火花。当阿涅斯熨烫衣服时，吉恩要一直小心翼翼地控制自己不要说出自己的想法（除了早上的吵闹，主要是针对衬衣的）。"当然，有一米多高的衣服，我也有自己的想法，可讽刺的是，我不会想太多。我不会生气，因为这不是我的领域。"但当有想法却不能说出来时，会很难熬！自从退休后，玛德琳的老公总是跑到厨房揭开锅盖，尽管他什么也不会干，但他对食物火候可有自己坚定的想法。玛德琳被激怒了："啊！我不喜欢他搅和，他的问题总是：'瞧瞧这菜烧得太煳了。'"捣乱的人被赶走了，被要求在玛德琳上菜时好好等着，把脚舒服地塞到桌子底下，就像旧时的夫妻模式一样。

伴侣提出的建议需要对方来实施，还要让负责的人满意（当然，除非这是恭维）。但是，这需要配角能完全忘记他的旧身份，至少要有效地抑制住旧身份。阿奈丝（Anaïs）和帕特（Pat）提供了真正相反的例子，能帮助我们从反面认识到这一点。分歧在于洗衣服的水温。"温度这个问题可有年头了，从我们在一起时就有，9年来我们都在争论这一点。我们的生活都围绕这一点。"阿奈丝道。阿奈丝不管洗什么衣服都用30摄氏度的水，帕特认为要用更高的温度才行，至少60摄氏度。30摄氏度还是60摄氏度的争斗持续了9年，因为他们没能就共同的组织体系达成一致。尽管这在技术上是困难的，他们理应对衣服进行分类分开洗涤。另一个可能性是，从男女平等角度来说是错误的，但更有操作性：因为阿奈丝的意见更多，更想指手画脚，帕特应该压抑自己的想法，接受他认为不对的方式。9年了问题还是没有解决。于是帕特开始把自己的衣物堆在一边，想单独洗自己的，或者期望阿奈丝能把衣服分两次洗。可是，当阿奈丝洗衣服时，看见分开堆放的衣物就被怒气所包围了，于是把衣服都混在一起，用30摄氏度的水洗了。然后我们可以看到在吵闹中（细小的但是没完没了地重复），帕特没有妥协，采用了更激烈的反击方法来发泄他的不满：在裤子洗好、晾干和熨烫好后，他把它们放到衣橱再放回洗衣机。在最后一次以激烈对抗形式展开的夫妻对话中，战争激烈地爆发了。阿奈丝指责帕特不老实、有怪癖，帕特辩解他的行为对夫妻两人是有教育意义的。他怀疑阿奈丝是因为想省钱才这么干的，因此他觉得这种抠门是缺乏生活常识的，是非常不好的缺点。阿奈丝被激怒后开始反击，建立了更技术性的观点。"他啊！他洗衣服的水温太高，衣服都弄皱了，也缩水了。水都沸腾了，我觉得这是有病！这让我觉得乱七八糟！他觉得衣服洗得更干净了，但完全可笑。我所有的衣服都用30摄氏度的水来洗，就是这样！这才是好的方法！"在水温是30摄氏度还是60摄氏度的争论之上，激烈的不满来源于对两种方法的悬而不决。帕特既没有完全承担这项工作又没有完全置身事外，所有的都搅和在一起。阿奈丝觉得她越来越多地承担了洗衣服这项工作，她于是寻求使帕特边缘化并强加自己的方法和原则，好像什么都是不能商量的："这是好的方法！"她需要这种进攻性的自我封闭来克服内在的失调，在行动上实现统一。但是帕特还什么都掺和着（宣扬自己的不同意见，也同时参与到实践中），助长失调，进而变成长期和系统的两方对立的态势：帕特反对阿奈丝。谁也赢不了。

配角应该接受主导性的方法，如果不想产生一连串的不满，就要自觉地排斥自己的观点。除了要经历意欲表达自己的煎熬，经常性地临时改变主意也会使这种退缩变得困难。杰克从来不急于收拾东西，除了文件。在这个特殊的领域，他行动更迅速并强加自己的体系给埃琳娜。收拾的文件或别的东西，他们的立场会颠倒。同样阿齐兹也会时不时突然改变主意。实际上，自由随意的信徒并不是对所有事情都那么随意。爱丽丝觉得他会突然为了没有意义的事情变得激动，这时爱丽丝就暂时变成了放松的倡导者。"我们对不同的事情采取无所谓的态度。我们对什么是严重和重要的事情有不同的观点。"对于配角来说，很难接受在情况反转并处于支配地位时还能完全处于退守，更不用说在能强加自己的观点以后。每个模糊的领域、每个规则的转变都是潜在不满的来源。

我们接着还可以发现配角相对行动的直接负责人（支配人、主宰人）一般来说不是那么容易不满。在组织家庭体系的最初阶段，不满的差异会促进配角边缘化自己。但是差异会继续加深，因为负责的人积累了各种来源的不满风险。首先，他处于行动的第一线：他的失调是每天都发生的，使得事情按照他的秘密计划回到轨道。秘密的计划要施诸全家人，但不同的成员都会有自己不同的主意。孩子方面还更要注意，这需要强加一种教育模式，可以理解这并不容易。但当配角敢于偷偷地反抗，甚至公开造反时，所有附加的不满都会引起负责人（支配人、主宰人）内心的失调。卢克（Luc）是个典型的配角，心里是保守的，不会下决心与包围他的事物分开，即使是他的衣物，不然他就会变得非常疲惫[1]。安妮塔（Anita）积极地管理了两个人的衣物，这让卢克没有那么不满。"啊啊，这让我发火！因为他说，不要把衣服扔掉，我把它们放到花园里去！"为解决这个问题，安妮塔偷偷扔了很多衣服。"但我不会和他说的，哼！"她能这么做，是因为她感到比起公开宣称，抵抗会没那么强。"我都不知道他看见没有。"卢克试图不要看见这些，顺其自然。他隐隐地感觉到面对这些多余的东西，自己会难以独自解决问题。安妮塔使他避免了这样的考验，尽管他觉得这有些粗暴和不能接受。"如果她要拿走我的东西，我希望她能问问我。"卢克因此分裂了，这种内在的分裂可能引发不满。但情况不是这样的，因为卢克把不满转移给了安妮塔，她必须在说和不说、扔和不扔之间做出决定。支配人并不仅仅满足于管理与身边的人的关系，他还必须成为大家的表率，鼓励在某些方面失调的人。他除了自己的失调还会受到其他人失调的影响。

这些还不算负责人（支配人、主宰人）所需要完全承担的重任。一点点的犹豫都会是新的内部失调的来源。以妇女解放的名义，萨比娜（Sabine）反对家务的束缚。她也有复杂的家庭史，她的母亲总是"最后一个看见灰尘的人"，这种态度

---

[1] 事例由弗朗索瓦·巴蒂奥（Françoise Bartiaux）收集，《流放与身份：家庭废品和私人空间》，参见皮埃尔（Pierre M.），《私人与公共空间之间的家务废品：社会学研究》，2002年，第145-146页。

在她父母之间产生了激烈的矛盾。从她父亲管理者的角度来说，萨比娜有一些排挤无能家庭主妇的习惯，获得了某些自主能力。当她遇到罗门（Romain）时，她对自己说他们的爱情将不会落入这样的陷阱。而罗门总是生活在井井有条的房间里，但他不知道自己既没有常识也没有动力去收拾家里。这会发生什么呢？伴侣两人都产生了内部分裂。当他们搬进第一间自己的房子后，萨比娜就迫不及待地投入到布置爱巢的工作中。罗门对这样的角色安排顺其自然，让自己离实际工作远点并消除内部的失调。一个月后萨比娜开始以批判的眼光来看自己：这样的生活并不完全符合她的想法。时不时地，有一个"小小的声音"越来越坚决地对她说："我变成了个家庭妇女。"接着马上空气中就产生电流。玛雅（Maya）也不想成为家庭主妇。她渐渐地掌控了收拾房间的工作。伊戈尔（Igor）则非常高兴地接受了这样的逐渐改变：成为配角在心理上太舒适了。他有时候还会想更舒服，这时候玛雅就会被不满所控制，使她对家务的承诺限度做出了调整。"我对伊戈尔记得最深的一点是，他从来不知道东西放在什么地方。不管是文件、衣物、饰物、光盘还是钥匙，或是其他东西。我这么多年经常听到的一句话是：'你知道这个（那个）东西放哪儿了吗？'起初我还没有特别注意，但我们从同居变成共同生活时，我对自己说他不敢去翻找东西，也许是因为还没有弄清楚参照物。但慢慢地，（对我来说）这种习惯越来越让人不满，以至于现在我不再回答这样的问题了！在思考后，我发现这放大了不满，在他还没有开始找东西前就听出了这样的问题。

现在，不管什么情况（事先有没有找）这个问题都让我怒不可遏。

女人会经常落入陷阱，因为不满意男性的一些做法，她们喜欢负责家务。然后又发现，她们的伴侣在"能力不足"的名声的保护下，舒服自在地过着懒洋洋的生活，而她们自己辛苦劳碌——这些是新的不满的来源。阿吉拉（Akira）（自愿还是不自愿的？）如此"不能适应日常生活"（她的伴侣加利称），以至于她的能力不足变成了真正的传奇，让家人和朋友笑话。加利笑不出来。"有天洗衣机塞满了衣服，他完全没有注意到水流个不停，而且水都开始流到地板上了。这时水从天花板上淌下来，我才发现坏事了。这让我大怒，一个人怎么能脚都泡到水里了还没有发现呢？这样的疏忽简直是不正常的！很明显，这不是我理想中的丈夫。"尤其对于家务的问题（或者宽泛地说是物品的摆放），负责人（支配人、主宰人）和配角的对立从性别角度来说是深刻分裂的，女人们通常都在同一阵营，承担责任（不满也随之而来），男人则在另一边，当然也更舒服。因而下面就这个问题进行研究。

男人没那么不满？（男人没那么爱发脾气？）

成千上万种不满让生活布满荆棘，各式各样的不满，原因各异，有时候是可笑或者不适宜的。这些与个人相联系，由于生活轨迹的不同和纷繁的细节，比如文化差异，或者更多的是道德观念的差异。大部分细节和规则可能都会诱发不满，但是男人或者女人并不能事先决定每个人的立场。我们可以看到，更多的是有关时间安排的差异构成了不满的主要原因：准时和计划周密的人对决屡教不改的迟到者和漫不经心的人。或者好像身为男人或女人并不能显著地改变他们到底是什么样的人。如果只就男女性别来研究不满的问题，我们将不能了解到更有意思的内容，就是夫妻关系运行本身，甚至是个体的运作。首先必须摒弃现在流行的过于匆忙的一般化和简单化。想象一下男人和女人是如此不可救药地不同，以至于他们来自于两个星球（火星和水星），这也决定了在夫妻之间差异的复杂性。因而命中注定了不能提前预支未来的改变。听听艾尔芳斯娜（Alphonsine）在她的书信集中描绘的这种偏移："如果我有一天必须回到地球，我不想是个男人，男人让我越来越不满。我想我们不是为了生活在一起而诞生的。为什么男人尿尿的时候不关门？小便流淌的悠长声响和秋日的小提琴一点关系都没有。女人就不会大开着门。"对不起，艾尔芳斯娜，女人也同样会不关厕所的门[1]。这个世界并没有如此彻底地被划分（太庆幸了），尤其是在不满这个问题上。

大部分让我们不满的并不是由性别决定的。可能还有其他的因素；相反地，从性别的角度分析，核心有一定的结构。就像我们刚才所看到的，家务里不同的角色分配是合逻辑的。因为这是历史的产物，区分了男女的角色，而且有深刻的印

---

[1] 霍夫曼（Kaufmann）：《第一天的早晨：爱情故事是如何产生的》，巴黎：阿芒·科林出版社2002年版。

记，但还有多少女人被丈夫问来问去东西放在什么地方的时候能不恼火的。尽管我们不能仅把不满的研究局限于男女的区别，但要适宜地指出的是女性不满的特殊性和结构性。

还有一个问题依然存在：这些专属于女性的不满是否就意味整体上男性没有那么不满呢？问题值得提出，但是很难回答。这需要通过统计进行验证，但对细微的情感和不方便表述的情感表现进行统计很棘手，这里词语的运用也强烈地受到不同表达形式的影响。我调研采用的方法依然促使我去思考也许男性对不满没有那么敏感。或者，至少他们对不满的体验方式不同。在发出第一轮问卷后，我收到不少女性的抱怨，有的是很激烈的，多数很详细。但男性则不然。事实上很多回答已被女性媒体所转述，这明显打破了平衡。我因而准备了新的专门针对男性的问卷。收获很干瘪，回答简短，机械且毫无感情。弗朗索瓦·弗拉霍（François Flahault）在其关于家庭场景的著作中已经发现了这点："对于男人，正相反，很难找到自愿的。对于那些接受的人，他们倾向回避第一人称和描述。"[1]。

有很多理由可以解释男性这种微弱的反应。传统上（这又是历史的遗物），男性没有女性那么倾向于私密交流，他们不太愿意在公众面前回答问题，对于夫妻方面的问题也很少表达意见。达尼洛·马杜塞利（Danilo Martuccelli）[2]在最近

---

[1] 弗拉霍（Flahault）：《家居情境》，巴黎：德诺埃尔出版社1987年版。
[2] 马杜塞利（Martuccelli）：《伪造的考验：当代法国的个人》，巴黎：阿芒·科林出版社。

的调研中确认并指出男女在夫妻管理里有一种"期待的不对称":性别特征和交流的相对。传统的角色分配今天还广泛存在,并加强了历史的差别。女性一般都处于家庭的第一线,投入更多去寻求解决方法,把问题摊开来谈。男性第二线的角色更倾向于等待风暴的过去,他们完全没有兴趣触及这些问题,因为他们更倾向于掩饰和规避问题。"我很累了,让我静静,不要管了,你真需要处理这个吗……"当伊芙(Eve)想让男友说点什么时,这样的反应使她不满[1]。伊莎贝拉(Isabelle)很了解这一点:"我们有很多可说的东西。我觉得男士也一样,但是一般他们会回答:'啊,这个,我不知道啊,噢……'"杰克在夫妻关系里很投入,也有很多说的。但当埃琳娜要求他来回答问题时,他比一般男性更有所保留。"他觉得还没有准备好回答问题。他不是很自信,在一个让他不知所措的陌生人面前就更加不可能(对不起,他是个工程师,他不懂什么是社会学研究)。但是我们夫妻间无所不谈(我们尝试)。也许有时是我来代言。还有,我已经知道所有他使我不满的事情了。"此后由埃琳娜来解读她老公的观点(对她而言不是完全准确),慢慢地她老公也有点不满了。在他再次放弃之前他曾犹豫着想参与讨论,但从来没有直接回答问题。好几个星期的沉默后,埃琳娜寄给我一封信,开头写道:"这就是我对问题的回答。花了点时间,因为我们需

---

[1] 事例由达里奥·马杜塞利收集,参见《伪造的考验:当代法国的个人》,巴黎:阿芒·科林出版社2006年版,第187页。

要讨论一下。就像我说过的，有些问题非常中肯，真的需要我们好好想想。尤其是夫妻间权力的问题。但是这里只是我的答案。杰克有多开心回答第一部分问题，就有多不确定是否能回答接下来的问题。他很满意我们的讨论，但是后面他不会有太多时间。对不起。这也是他可爱的一方面……"卡斯汝（Kasiu）寄给我一个长长的抱怨清单，写满严重不满的缘由。她是这样结尾的："唉！除此以外，一切都好，他有很多优点，我也喜欢他。我们是19岁时结识的，我们现在35岁。我也有缺点，要学会自我克制才能建设好夫妻关系。我把邮件抄送给他了，希望他也能寄给你在我们夫妻间让他不满的事。"此后毫无回音。除了埃莉诺（Éléonore）第一封回信，我什么也没有收到，她的信是在监控下写的："在和我丈夫商量并且达成一致后，我开始投入全新的冒险中，但是这都需要完全透明。实际上，我丈夫希望读到我们的所有通信。"这样她丈夫就能全面地进行审查了。

　　男性在表达上的保留并不是他们不那么不满的绝对证明。他们也会悄悄地有不满，但不愿意讲出来。这也是他们管理小危机和普通摩擦的方式，建立在闪躲技巧之上，这对于配角来说很合逻辑。这种策略有很多可靠的证明：男性倾向于用特别的方式来管控不满，不那么有指示性，以自己的不同于女性的方式来感受。梅洛迪对我们说，当"他"难看地喝汤惹她不满时，她会大声地说出来。"很多时候，他假装没听见我说的，逃避问题，躲到别的房间或者转换话题，等着一切过去。"这不足以消除梅洛迪的怒气。"如果我精神好的话，我是不会轻易放过他的，我会再次提出我的要求。如果他继续沉默的话，我就会开始冷战。"走投无路，"他"不得不采取更开放的态度。伊莎贝拉指出伴侣一般会采用比较疏远的态度，如"啊，这个，我不知道啊，噢"。"这时，他要么违心地辩解：'对不起，我忘记了！啊，你觉得怎么样？这怎么可能？我做了，我正在做呢，我等会儿做。'等等。"或者当"他"觉得占上风时，"他"会尝试巧妙地分散梅洛迪的注意力。"或者，最经常的是，他尝试分散我的注意力（用恭维话、俏皮话）来消除我的不满，肯定没有解决问题，但成功抵消了负面作用。"有时很惊讶，"他反击了，说：'你呢？'"在一切恢复正常之前，梅洛迪会提醒"他"，如果继续坚持这样的态度，"他将承担所有风险和后果，因为冲突将更加激烈"。可短暂的反抗时刻也使我们了解到男人的内心同样在沸腾。毫无疑问不满通常被好好管控，但也会爆发，当不满被压抑太长时间也会变得非常激烈。洁德（Jade）只理解她的男友，他会反击批评，但很少交谈，以至于洁德觉得她是一个人在过日子。他也会突然爆发。"迟钝，缓慢，甚至是无精打采的，但同时他也会出现奇怪的神经质和发怒。"

男性在表达上更保守，更倾向于压抑和排遣，那在本质上是否男性不如女性那么不满呢？虽然我的研究不能彻底地回答这个问题，但我将引述马库斯（Markus）的回答来总结这一点，表明（有些极端但能让我们更好地理解）男性的普遍地位。实际上非常有可能男性不是那么容易被激怒，或者不如女性那么明显，配角的地位铭记了不满中一系列负面情绪（这不是本书讨论的内容），在严格意义上，他减弱了不满，但不能排解不满。我们能感觉到马库斯回答中有很多的愤怒。"她没有让我不满，但她杀了我，她杀了我！她是永恒的风暴。非常让人不满的风暴，随时会爆发，实实在在神经质的人。情形总是这样的：'你动一动啊！提出你的见解！让我惊奇一下！'我要不来一番翻天覆地，孩子们就会遭受世界的所有不幸。疲倦，疲倦，异常疲倦！受够了！风暴让我不满，从早到晚，但更让我疲惫。这悲惨的生活！必须苦中作乐。安静点，安静点，我亲爱的！让大家发狂有什么意思呢，还都是些破事。我总尝试修补损失，让生活重见日月。当我不满时（这是经常的），我会在沉默中深思，消除它。或者我去跑步排遣负面情绪，不再激化冲突。你到底要什么，我相比风暴更喜欢晴天。她，可能她喜欢不满，这带给她能量，她的确能移开山峰。这就像毒品，她对不满上瘾了。即使我什么不好的事都不干，我肯定她也会找碴大发雷霆。"

幽灵使她们不满

在女性方面，正是这种逃避和闪躲的策略使她们不快。不管要求平静与和谐关系的理据是什么，她们首先要求的是在夫妻关系中的沟通和参与。但男人们会因为一点困难就在身体和精神上偷偷逃避。卡洛琳（Caroline）平静地说这也许不是马克（Marc）独有的问题，而是男性普遍的问题，但她不理解为什么男性会采取这种态度。"让我不满的还有这种自闭，为什么男性有时会把自己封闭起来，即使他人在他身边。实际上，只有四分之一的机会让我不满，其他时候我是理解的。使我不满的是我懂得乐曲但看不见总谱，因为书已被合上。实际上不满的原因不是他或者我，而是那种男性典型的逃避状态。于是我就让他去吧，当他不在这里。"

但这种策略也有其局限。如果这只是暂时的对策，就不那么管用了。对于克莱曼婷（Clémentine），菲利克斯（Félix）会周期性地像幽灵一样消失，尤其是从听觉方面而言，她的丈夫就没有耳朵。"我丈夫和善、迷人……但他有个缺点：从来不听别人跟他说的！但他可不聋，他的听力敏感度非常好，他听得见但听不进去！这使人不满！！"和这样的幽灵生活在一起可不惬意，可当他批判别人时就会突然跳出模糊状态，高声大喊，长久被压抑的不满愤怒地勃然而出。这种套路在饭菜准备这件事上很常见，这情景每天都在很多家庭上演[1]。"菲利克斯让我不满的还有他从来什么都不懂！我不是说一般文化知识方面……当我要去购物，问他晚饭想吃什么。回答是：'我不知道……'后来，当我回到家，他却说：'你应该买青口和塔布雷色拉的。'这让我不满，不满！就是因为他从来不听别人说的。"但对于克莱曼婷和菲利克斯，幽灵（他还是个爱抱怨的幽灵）令人难以忍受的反抗是经常的，还不仅在饭菜方面。"他从来听不进去，菲利克斯你应该打电话给会计问问

---

[1] 霍夫曼：《平底锅、爱情和危机：下厨能告诉我们什么》，巴黎：阿芒·科林出版社2005年版。

那些小事。我和他重复了三四次，他听不进去，认为会计会打电话给他。结果，'克莱曼婷你应该告诉我打电话给会计的！！'我家里有两个小孩，一个两岁，一个是我丈夫！！我受够了，我实在觉得我是他的母亲！！我希望能一次把所有事情都讲给他听，还能保证他都听进去。说的话被听进去的感觉应该是非常棒的！！上周六我们去了个刚搬家的朋友家，有80公里远。我和他说好好看路，我来准备小孩的东西。他好像听懂了他要负责看路，要研究一下地图，我在头天晚上可说了两遍。好的，到头来车上没有地图，他说克莱曼婷你应该告诉我把地图拿到车上来！！我真该打他一顿！！"

女性一般都加倍地参与夫妻和家庭生活中。她们更期待个人关系带来的东西，她们处于具体化组织的第一线，并承担了因此导致的心理负担。男性陪伴的缺失，会加倍地使女性不满。这种情感的堆积顺理成章地导致了模糊和混淆的产生。还有在不满这个特殊领域，调试应该非常精确，如若不然，将有导致其他连锁摩擦的风险。洛伦佐（Lorenzo）（与马库斯相似）看上去是个疲倦的男人，被"家庭怪癖"弄得不堪其扰。他觉得他没办法跟随过高的要求，完全任由自己处于极端配角的地位，精神彻底放松，以至于都搞不清楚东西放在什么地方。他因此使他妻子不满，并且自己完全清楚这一点。"我总是被要求参与各种事情，这同样让我不满，举例来说，这个在哪里？你把这个放这里了，我可没有动。"（我从来没有暗示她动了这些，我只是提问而已。）他毫无疑问能做出改进，但总是没有想的那么简单。因为我们看到配角应该待在自己的位子上，不要过多地参与，引发夫妻关系的失调。而洛伦佐明显是另一种摆放物品方法的拥护者，他的退缩同样是一种放弃自己观点的方法，并不激化争执。可是，他妻子被他这种"参与"激怒，"家庭怪癖"也在某种程度上加剧了他们的分离。也许他太太在全情投入家务时忘记了幽灵的存在，也许无意识地报复了一下，她改变了东西的摆放而没有和丈夫说。洛伦佐已经习惯了大吃一惊，不过更加迷失和觉得被当成小孩了。"她有让我不满的习惯，她总是不知道隔上几天就改变物品的位置。找东西让我烦。她呢，物品新摆放方式的肇事者，却总抱怨我找东西的时候没有耐心，缺乏坚持和努力。"这些微小的因素有时浮于我们生活中的表面，重复又烦心，也揭示了夫妻关系的关键所在。围绕小事开展的争斗，说明洛伦佐和他妻子实际上在寻找他们在夫妻关系中自己的定位。

千万个彼得潘？

克莱曼婷"受够了"，受够了自己好像是丈夫的母亲，必须像照顾小宝宝一样照顾他。不仅仅因为男性如幽灵一样透明，而且也因为他们会变成负担。加利很害怕生小孩，她不断推迟小宝宝的到来。"我怀疑我是否能独自抚养孩子，不是说阿吉拉要和我分手，我是害怕他以后还像现在一样。我可以想象这样的后果！我其实不想尝试多要一个孩子，现在我已经有一个'孩子'和我生活在一起了。"把丈夫形容成"孩子"是我收到的很多女性调研对象在回答中很普遍的现象。维拉格

（Viràg）是抱怨的典型。"我们有三个孩子，我真的觉得我在独自面对第四个。"像很多调研对象一样，她从列举主要的不满开始，最开始是传统地描述幽灵般的丈夫，她称此为"不成熟"。"他最让我不满的是他的不成熟，我认为这就是问题的来源。"她又举了几个相关的例子：

永远漫不经心：我和他讲话，他要么像没听见一样，要么两分钟后就回答一个"嗯？"。

臭名昭著的脏袜子在房子里扔得到处都是。

我请他去买东西（他去了，这就不错了），为了减少损失我列了一个详细的清单给他（在哪个柜台，什么牌子）：一般来说，每次都有四分之一的东西要拿回去换。

当我批评他时，他不会还嘴，但他逐个字地对我说："是的，你是对的。"哈哈哈！我再也接受不了这句话了！我宁愿时不时也会犯错。

他从来不知道该送什么东西给我。因为他从来不听我说，不了解我的需要和愿望。

这些例子的确是有些零散。所有都混在一起，就变成：在夫妻关系里漫不经心，置身事外，不给面子，缺乏技能。但让维拉格最不满的是被她称作"不成熟"，好像在对待一个孩子。她讲述购物清单的方式就是个典型的例子，人们会相信她在和一个孩子讲话。她接着又讲到了一个小趣事，在女老师的注视之下，不满变成了羞辱。

"我们有次被大儿子的老师叫到学校，老师觉得他太不专注和心不在焉了，缺乏注意力等（这说明了什么？）。我丈夫整个谈话期间都傻乎乎地笑。老师发现了，说道：'狗是不能成为猫的。'这让他笑得更厉害了！这说明他对我们儿子没有什么可信度。"角色的混淆最让人恼火，这就是这个长不大的父亲在教育方面的形象。

就像维拉格，佐伊对乱扔的袜子不满，当情况实在过分的时候，她会把袜子扔到犯错的人的碗里当作惩罚。她也意识到这太过激，有时会采取更和缓的"外交手段"，对丈夫谆谆教导，告诉他该改掉的恶习。"我是不会把脏袜子收到洗衣篮的。我又不是他妈妈！他的反应呢！他变成了个小男孩，难堪地去了浴室。让我不满的是在收拾袜子方面他弄错了角色。我不希望有他这样的第三个孩子。"男性是否因为夫妻关系变得幼稚了呢？尽管要避免各种过于武断的结论，但需要把问题提出来，可能答案会让人大吃一惊。在我的前一本书《夫妻关系》（*La Trame conjugale*）里，描写了现代家庭角色是如何塑造典型的男性特征的，就是"犯错的学生"。在传统社会里，男性占据了权力，在家里什么也不干。现今则完全不同了（进步是实实在在的，但很缓慢），一部分由于缺乏意愿，一部分是缺乏真正的能力，男性难以走出"配角"的地位，这不断加深了男女性别差异的历史记忆。在大多数情况下，男性认为有必要迈向男女平等，但处于矛盾的境地中：（或多或少真诚地）想做得更多，可是并没有在实践中按宣称的话来做。这使他们陷于潜在的犯错的地位，促使他们不断学习，但永远不完美,并服从于行动的"负责人(支配人、主宰人)"。苏塞特(Suzette)也谈到其尝试帮忙做饭的丈夫:"他有时会来帮我,比如做个甜点,或者帮忙准备,但做得不是很好。"她于是像对待孩子一样用面团来取乐。

但还有更多更远的领域,我们必须探索。家庭问题的核心倾向于在结构上定义男性从属和幼稚的地位(对于女性来说是累人和烦心的负担)。但在此核心以外,这可能是夫妻关系运作本身,其建立在强烈反差的互补之上,也促使男性采取被视作不成熟的举动。儿童的特点是不成熟,但同样在文化上表现出积极的一面:无忧无虑,欢快,喜欢游戏。在不满和夫妻互补角色的争闹核心,调研结果展现了不同的对立,如责任和漫不经心,严肃和追求愉悦等,无处不在。角色甲保证了家庭事务的正常运转,对风险保持了警惕,相反角色乙则是无忧无虑,幸福地活在当下。机制上必要的对立反而加深了分歧和个性特点。换言之,女性大都在一边,男性则在另一边。无疑还须再次重申的是:他们来自两个不同的星球。这是由于男女有不同的历史记忆,制造对立的机制是夫妻关系的核心。这种互补的差异不是随意产生的。伴侣关系中的每个人都试图减少内在的不和谐,实现统一。在生活的各个方面,人都倾向于保有其习惯的文化特点,选择一种和谐的立场。诚如我们看见的,这不会完满地实现:时不时,还有很多反转,就是在如何放置物品这个具体的方面也是如此。然而,共同的趋势也很明显,可对个人一致性的寻求显然带来了两种文化的全面对立。因而我们可以认为,在角色分配的核心还更宽泛地产生了行为调和倾向，加强了男性采取幼稚行为的趋势。

很多收集到的材料都好像印证了这一点。尽管它们表面上微不足道，但合在一起就能确定这个假设。打比方，男性比女性花更多时间玩球或者电游，就好像未成年人和青少年。统计研究也显示男性有更多的个人娱乐。一直以来他们玩的时间更多。"我丈夫玩疯了（网上角色扮演、战争游戏……），他需要这些来保持其生活的平衡（他是独生子，需要自由，自己的时间……）。我不能以夫妻关系的名义来禁止他玩，这样我们才能'在一起'。我的朋友（男性或者女性）觉得不可想象他能玩这么长时间，而且我睡后两三个小时才上床。"十年来他们都生活在一起，尽管她丈夫因为游戏而忽视爱丽莎（Elisa），但她一直都想和丈夫和谐地生活。更加显著的是，男性使用笑话和挖苦的方法（这是男性偏好的解除对手武装的策略）。比如，在饭桌上的谈话，话题和交谈形式都是不断地交织，试图压倒对方[1]。家长经常会很严肃地讲到一个话题（尤其是学业上的），有时是责备，有时是商量，孩子则试图用幽默转移话题。夫妻间的关系也是一样的。有时承担责任和严肃的妈妈会孤独地面对好笑的"父亲—孩子"的联盟。以上描述无疑是最重要的：男性经常扮演宽松观念的理论家，宣讲对于焦虑和过严纪律的无所谓态度。"酷酷的上帝"是青少年

---

[1] 霍夫曼：《平底锅、爱情和危机：下厨能告诉我们什么》，巴黎：阿芒·科林出版社2005年版。

和孩子们的典型崇拜对象[1]。男性在宣扬放松方面对青少年的吸引力不足为奇。此外，还有一个结构性的因素是：没有什么角色分配的体系是进入成年人世界的方式。青年男子越来越多地推迟成家的计划，来最大限度地享受青年时光，女性最开始也反应相同，但是她们受到生育小孩的限制，会在年纪增长方面更加注意[2]。女性不得不更早地脱离年轻人的世界而投身于家庭。男性在生理上就不会受到时间紧迫的限制，能够无忧无虑地延长年轻人的生活。好像卡洛琳所说，也许有些夸张："实际上，即使到了36岁，男人还未成年。"

达恩·基利（Dan Kiley）的著作《彼得潘综合征》（*Le Syndrome de Peter Pan*）也有同样的共鸣，也表明：某些事物正在现今的社会中发挥着深刻的作用。然而，这部作品还有很多的局限。其主要研究对象是一种病态的心理，被焦虑、拒绝现实和难以建立社会关系所主导。这种人格无疑是存在的，但男性的行为并非病态，且无限宽泛。相反地，通过游戏和运动，长不大的男性通常在与社会建立联系方面没有任何障碍。尤其是，他们没有任何困难地建立和孩子的关系，他们还能让人惊讶地和孩子结成有效和有趣的同盟。我们就新任爸爸这个话题聊了不少，变动的确是巨大的：在十几年间，男性发

---

[1] 布逊（Bouchat）：《这是我家，他们家，我们家……同时哪里也不是：大学宿舍同居人类学研究》，2005年，第27页
[2] 霍夫曼：《单身女性和白马王子：单身生活的研究》，巴黎：纳唐出版社1999年版。

生了深刻的变化[1]。给人印象深刻的变化不是在家务的实质层面,男性就像之前一样还是配角,但和孩子更加亲近了,秘密地串通一气。这也是为什么在法庭宣判其离婚并将他们与自己孩子分开时,他们会慌乱并且不理解这样的宣判。

从历史的角度看,这种表面上显现的联盟关系,其颠覆的扰动实际没那么惊人。面对男性的统治地位,由于女性和孩子身体上的亲密关系,以及女性更多地承担养育孩子的工作,她们实际上总是和孩子被放在一起[2]。长期以来,她们相对于男性在权力上处于劣势,被视作孩子。但我们现在就能说历史有了实际的反转吗?不,尽管已取得进步。男性还在很多关键的领域(经济、政治)处于统治地位,他们同样在家庭内部保留了一部分旧有的权力[3],并在重要决定方面保持了优越的地位。女性方面,她们与孩子建立了优先的关系。她们在第一线承担家庭问题,使其成为家庭的中枢,尤其是在夫妻关系变脆弱时。面对夫妻关系不断增长的脆弱性,女性的这种功能也许也在不断增强[4]。男性在家庭中不成熟的行为增多应该被

---

[1]卡斯特兰-慕尼耶(Castelain-Meunier):《男性的变质》,巴黎:PUF出版社2005年版;维塞-朗(Welzer-Lang):《男人也善变》,巴黎:帕优出版社2004年版。
[2]科尼比尔赫(Knibielher)、富凯(Fouquet):《母亲的历史,从中世纪到现代社会》,巴黎:阿歇特-普利恩出版社1982年版。
[3]格拉德(Glaude)、辛格力(Singly F.):《家庭构成:权利与协商》,载于《经济与统计》,1986年第187期。
[4]霍夫曼:《单身女性和白马王子:单身生活的调查》,巴黎:纳唐出版社1999年版。

视作重要（惊人）的现象，但也是有限度的。男性在特殊的情景和时刻变成孩子，周而复始地让时间在"由它去吧"中流过，这也是在职场中过多投入的一种补偿。女性开始对"彼得潘"过分和沉溺于孩子的世界而表示不满。尽管女性也秉承平等的理念，但继续偷偷梦想成为超人能掌握和保护一切。最终，她们会对因角色分配的颠倒模糊而产生的不和谐而生气。尤其对于男性，刚走出之前的束缚状态，就会表现出旧时大男子主义的一面。

大男子主义顽固的反应

在昨昔的"家长制"和现今的"回归儿童"两种现象之间，夫妻内部男女关系的颠覆尽管在某些情况下是有限的，但也令人叹为观止，但是，还远远没有达到和过去一刀两断的程度。个人舒服地处于独立自主空间的状态，实际上使得很多男性能继续生活在历史的延续中。统治地位的继承，使他们能够在像孩子一样在玩乐的时候强加其权威（自我愉悦的权力）给女性。如果这些活动在大多数时间不产生竞争关系，即夫妻间个人和交替的竞争，女性也许必须容许他们如此放松。（电视、电脑）屏幕侵入了家庭，打开一扇逃避的窗口，人们能生活在想象和别处。"我们经常觉得这些男士是些肆意浪费时间的机器，完全不理会家庭。他们能花好几个小时和陌生人聊天，但不愿意和自己太太讲上两句关于今天晚会的事，甚至在看见太太已经穿上大衣的时候，询问其是不是要出门。不，她们不会出去的，她们回来了，她们已经整个周六下午都在外面度过了，因为不想对着四壁讲话。丈夫却没有意识到。这就是生活！"伊莎贝拉说。玛尔维纳（Malvina）对理查（Richard）很不满，他刚一回家"就和钓鱼论坛上的朋友聊上了"。卡洛琳受够了，因为马克从不离开电视。她就坐在马克身边，至少这也算夫妻共享的时间吧。可是马克绝不让遥控器离手，频繁换台传递了他内心的信息，每个人，不管是她还是他都厌烦极了：我才是船长，我只做我想干的。频繁换台让人疲倦，想离开。卡洛琳不顾一切地坚持着。当她觉得不满已经到了危险的地步，"我就会起身，我完全不喜欢看电视，因为我不想和他吵架"。可有时候她没有时间礼貌地离开，不满突然爆发了：他去厕所的时候也把遥控器放在裤子口袋里，怕被卡洛琳抢走。"因为他不信任我（似乎我会第一时间去换台……我也承认，我会这么做的），或者好像我就不存在。"遥控器也会经常掉到厕所的地上摔坏，最近他们已不得不换了两次遥控器。这一定引起了不满。

不可否认，马克应该为他过分的典型大男子主义负责：强加对节目的选择，尽管他不在的时候！这种最常见的蛮横行为通常都是不明显的，湮没于夫妻交流中。带来不满的人可能还没意识到他的行为，不满的人毫无抵抗地屈服。洛伦佐表现了诚意和悔改的意愿，给我列了（我并没有要求这么做）一张可能给他妻子造成不满的主要原因清单。其中有他喜欢在汽车里听高分贝的音乐，而他妻子则只需要简单的背景声。我给他发过一个问题，他的回答很惊人：

"汽车里的音乐像是一场权力的争斗。谁最后可以取胜呢?"

"我。她一般都抱怨别的东西。"

惊人的回答,以男性常有的简洁,尤其是好像下命令一样的肯定语气表述着。男性不断获得小小的权力,成为其存在的常态。但还需要谈到更大的权力,因为有些夫妻在维系权力关系中简直是乱七八糟。当游戏规则明确,女性也接受的情况下,有时也是普罗大众的情况[1],这种被认可的服从不会带来很多不满。但出现失调(梦想与现实对立,原则和实践对立,辉煌的过去和可怜的现在对立)时,旧习惯的涌现会比它被隐藏时更让人不满。玛尔维纳的故事在这点上是典型的。"我单身了三十年,当我还是个快乐的单身女时,我受不了周围情侣的一些事情,从我的父母开始。例如,按性别进行分工(比如,男性狩猎,女性做剩下的事情)。换言之,就是没有分工。简言之,我就像看门狗一样捍卫着自己的理念。但过了30岁,荷尔蒙占了上风,我觉得要把自己放到应有的格子里。对他来说也正好,在他眼里我是理想的抚育孩子的女性——因为我是老师。喜欢他是因为我和他讲到责任时,他没有逃避,因为我想很快要个小孩,他说的完全符合我的原则:'我不想你只是去熨烫衣服,你不是一个女仆。'"在这诱人的宣言过去四年半后,王子变成了邪恶的癞蛤蟆。"最让我不满的是他那种粗鄙的态度:什么?我今天早上要穿的绿色

---

[1] 舒华兹(Schwartz):《蓝领们的私人生活:北方的男性和女性》,巴黎:PUF出版社1990年版。

衬衣没有熨！（这时候其他15件衬衣已经洗干净和熨好了，他说的是唯一一件在洗衣篮里的！）或者，这是什么乱七八糟的？！你该收拾一下！！你整天都在家！（其实我批改了35份卷子，准备了饭菜，洗了两次衣服。但我把垃圾袋放在了门口。）"理查不断表现着超级大男子主义态度。玛尔维纳被贬低为家务的奴隶，而她丈夫一点都不感到内疚。好像他弄错了生活的年代，以为男性还能为所欲为。"最后，最让我不满的是他经常一个人和他的朋友出去，而我在家看小孩。我呢，当我想看电影或者参加学校的晚会时，他就给我脸色看，唯一的目的就是让我打消出去的念头。"如果还要给这样过分的大男子主义锦上添花的话，那他还会显出高傲的样子或者用小霸王的态度。"还有让我不满的就是他自以为是超人：在妇产医院，他和儿科医生讲话就好像是个同行，一回家就很快失去了热情；在餐厅，他建议餐厅换换食材的供应；在家里，他表示只要两个小时就能把家打扫好，但是洗尘器都没有吸床下和门后；和女儿在一起时——是他在照顾小孩，此外为了证明这点，他说会每天带她去学校，还好他不只有这一个论据！可是如果星期中间他去接小朋友回家的话，他会要求周末'补休'，玩到半夜才回家。此外，当我们谈到需要怎么惩罚他时，他就会说：'如果这样，那我就去学校接小孩两天了！'你看看我受的是什么罪！！更不要提我们关于分工的讨论：必须规规矩矩地听他讲，我还不如去看电视新闻呢，当我提到学校里的事，他就会长篇大论地说这个体系需要改革。比如，有个老师的孩子生病了要请假几天，他说这不能接受，你们要好好组织一下。可我们的孩子生水痘时，我就必须请假照顾孩子，他都没说去药店买药。至于买东西，他就在超市对面工作，而当家里没有酒的时候（这是家里唯一缺的东西），他叫我去给他买！"在可笑的滔滔不绝和远离实际的话语中，玛尔维纳再也不要知道是什么让她最不满了。她可能落入陷阱，这样的生活模式和她的梦想完全相反。她是这样总结这没完没了的抱怨的："我觉得他让我不满，因为我们的关系让我堕入我奶奶旧时代的生活模式，我奶奶说，你以为我是怎么和你爷爷过的！正常的就是男人砍树，女人照顾男人！！"就好像我们的研究，我们没法打破这样的决定论！！天啊！！

如此讽刺的大男子主义的情景使我们走出了严格的"不满"框架。当然玛尔维纳不满，应该是很不满，是那种突然的阵痛，从早到晚。这些持续的恼怒植入一种感觉，在这些恼怒之外重新定义了恼怒本身。那感觉就是深深的不满[1]。同样很多其他女性也在调研中提到这点，抱怨被"小气"的丈夫弄得不满，监视和评价每一分钱的开销。她们对这种锱铢必较和夫妻状况都非常不满。此外，丈夫也许还在家务分配上有些大男子主义。然而生活在旧制度下，妻子们还有些补偿[2]，比如享受丈夫赚到的钱。可是男性并不是奇妙的供给者，有时还积累了不少缺点：大男子主义，像小男孩，吝啬。这样不满就会激化，加深绝望，愤怒就爆发了。

---

[1] 然而，几个月后情况有所好转。参见研究方法附录中"最新消息"。
[2] 辛格力：《已婚女性的幸与不幸》，巴黎：PUF出版社1987年版。

第二部分

暴风眼

第三章 动机

没有比在夫妻关系中感觉到不满更正常的事了，包括其关系良好的时候。因为不满嵌入夫妻关系运作的核心，还结合了各种产生失调的对立。这种机制的基础是：不满总产生于不和谐。然而，从表面上看，爆发的原因会更具体，有时也是微不足道的，我们最经常看到的是：物品的摆放。男士和女士对于物品放置的位置没有同样的想法（比如一个梭鱼头标本），或者其他什么物质（比如可以接受的灰尘）。两个人中，处于统治地位的那位会强加他的文化模式给对方，另一人不管愿不愿意都要服从，但当发现妨碍他的事物时也会突然有情感的爆发，不再按照既定的计划行事。如果不满很强烈，那么他就敢于进行个人的抗争。这些日常小文化的冲突尤其在分配家务时会发生，因为每个人对什么时候干什么事都有自己的设想（当角色分配不是那么明确时）。物品的摆放和家务的分配并不是所有不满的引发点，我们现在能清楚地看到其他一些在调研中经常出现的原因。在这里只做一些简单的展示，并不具备代表性，因为只有统计工作才能揭示有代表性和全面的画面。

以牙膏为象征

什么样的地位，就受到什么样的尊敬：我将开始讲述一些在夫妻间的不满中有明确象征意义的事物。再讲一句关于物品位置的话，比如钥匙就是很传统的话题，在很多家庭都有一个合适的地方来摆放。或者还有比较罕见的就是两个剧中的主人公都有自己的但同等级的行为模式，在他或她忘记把钥匙放在本来的位置，或多或少承认自己错了并保证不再犯时，不满也会一样尖锐。或者他或她一再犯同样的错误。"我们共用两辆车，我总是把车钥匙挂在墙上，而她在回家时把钥匙放在自己的包里……"当他急着要找到车钥匙时就会有不满了，在包里翻找钥匙时，为了发泄而大吼，洛伦佐无法理解他女朋友这种无理智的行为，其实只要简单把钥匙放在该放的地方就好。恼人的不和谐因找不到东西而产生，并被夫妻间的裂痕加剧。两种文化世界对立。那些例如钥匙的摆放位置等的细节都揭示了伴侣无法理解的怪异之处。

物品之所以熟悉，那是因为看得见摸得到，以至于植入了你的个人文化当中。我们把自己内在的一部分放置在周围的事物当中，从而在日常生活中定义了自己[1]。这对夫妇不断努力去构建家庭共同体。通过讨论，男人以各种方式制订了不同的计划，远不只是东西的简单归位（特别是关于如何收纳的方法）。但一些细小动作，还是会透露出个人的想法——那些更忠于自身的想法，而非忠于表面的规则。这些想法有时会毫无内疚地记在心头（或者深深地植入身体），即使他意识到对方的不满。然后就有了一个物品，单一的，可以汇聚所有承载着不解的愤怒。每对伴侣都有自己的小祸根，也许是隐蔽的，也许是激烈的，但往往是定期的而且持久的。有些争端是很广泛甚至是普遍的。正如钥匙的摆放位置。更甚的例子是，挤牙膏的方式，这是对亲密方式的一个真正冲击，完全不同于其他物品。它实际上是一位新同伴进入家里后，对同居生活的冒险的第一步。一旦这一标志性的对象确立了，它就是一个不同文化的载体，努力融入到新的共同生活体当中。然后它会惊讶、震惊，在围绕着它所产生的失控的不满之前。就因为这一管牙膏，世界一分为二了。有一些人会比较谨慎，有好的方法把牙膏管折叠、重新盖上、按压上面挤出牙膏。其他人就比较随意，不会在意这个事情。问题不在于用这种或那种方式来做出定义，而是方式的差异之大。一个微小的细节足以让人无法融合。虽然双方的意愿美好或者运用了一些窍门，看上去已经减少了可见的分歧，但当目光开始强迫性地锁定在那引起不满的

---

[1] 迪维诺（Thévenot）：《约定俗成似物品》，载于《Genèses》1994年第17期；《双方行动：承诺社会学》，巴黎：发现出版社2006年版。

差异上时，问题仍然没有解决。

"当然，两管牙膏可能会避免这个问题。我爸爸已经考虑过这个事情，只有那种需要挤的牙膏管可以令他大怒。而且大家还会用这种管子来装蛋黄酱、油彩和哈里沙拉酱。至于我，我会首先尝试各种牙膏，最后选定了那种管盖朝下、可以直立的牙膏，只要大家按照这种预设的方法来放置牙膏，里面的牙膏可以一直很流畅地被挤出来。但这从来没有发生过。"牙膏在伊莎贝拉的生活中占有很显著的地位。这就是她后来的证词，用一种有趣的方式来陈述，但大家不要弄错了，笑容之下却是真正的恼怒。

"挤管的战争与性别无关。证明如下，我妈妈是我爸爸的狂热追随者，我爸爸是反对用挤管的东西的。作为我爸爸的女儿，我也是反对挤管的，我的男朋友喜欢用挤管，我的前夫以前也喜欢，我相信他应该一直都喜欢。这是一个什么奇怪的教派？我来解释一下：拿一支挤管的东西，例如牙膏。牙膏最容易让人恼火，因为每天都会看到。总之，只看到一次的话没有问题，看到一千次的话人就会抓狂。牙膏可以从底部慢慢地往前挤，膏体从里面一点一点地流出来。太幸福了，动作平静高贵而让人快乐。呀呀呀！也有人会野蛮地从管子的中间开始挤，留下糟糕的外形。"

在天色微白的清晨，当反对挤管的人正试图整理好管子并挤出榛子大小的牙膏时，家里回响着他的嘶叫。他会为了挤出分量刚好的牙膏而摆弄个五分钟，通常一半都会掉到洗手盆里。"哎呀！"当情绪凝聚在一个微不足道的物品上过度强化时，不满就会成倍增加，一个微小的触发器就可以产生巨大的影响。伊莎贝拉的前夫是一位喜欢用挤管的人，他就会因为挤管的事情而不满。这也太过分了。"当然不是因为一支挤管我就离婚了，他的一个满意的小笑容会让别人抓狂，这才是让我想到离婚的原因。"虽然她目前的伴侣也是一个用挤管的人，但争吵好像变得更加局部了。这也是她今天可以笑话这个事的原因。

被迫和解

夫妻生活在已建立在共同文化的虚幻之中，当然这大体是存在的，就整体的构架而言：价值观的不同层次，道德标准，等等，这些都源于不停融合的工作，夫妻的日常交流在其间起了关键的作用[1]，尤其是通过对朋友和家庭的批评。这实际上揭示了为什么他们度假或者管理财富的方式没那么好，可这些夫妻的共同经营使他们融合在一起。只是大体上如此，因为一些原则问题会持续产生争论，尤其是触及孩子教育的问题[2]，矛盾的角色分配滋生了分歧。

包括那些觉得已通过讨论达成的妥协，一直也只是理论上的，也仅规范了大的框架。这还远远没有触及反映个人小文化

---

[1] 博格（Berger P.）、克尔纳（Kellner H.）：《婚姻和现实构建》，载于《对话》，1988年第102期。
[2] 布朗、加斯帕尔：《儿童在夫妻冲突和暴力中的地位：研究与预测》，2004年第78期。

的反射性日常行为。他或者她会"忘记"把钥匙放在它该摆放的位置。行为、具体的背景、事物都揭示了对差异的坚持。当两人工作的互换很频繁或者夫妻社会化变得必要和迫近时就更明显了。差异或者会随着距离消减，当夫妻社会化的运作不是那么紧急时也会减少。差异会在实际运作中，和当两个人需要合而为一和遵循同样规则时迸发。

钥匙的问题，会排在不满的动机排行榜的前列，因为每天都要用到钥匙，而且它是一个单独操作的对象，但摆放的位置却是夫妻两人协商定下的。在这个问题上，没有任何摩擦是罕见的（存在于个人的想法与官方的婚姻理论之间）。这个也是不可避免的，即使是个人独居的时候，也可能会出现行动和理论不一致的时候（然而他只是一个人在理论和行动之间徘徊）：单身的时候，自己也会因为钥匙没有放回原处所以找不到了而生气，因为他要求自己本应该每天都放回原处的。在夫妻之间，两人或多或少地把各自的小文化融合起来，不满产生的概率会无限增加。

数目繁多的小物品、电器设备、间隔空间，属于个人的但又是双方的，正如钥匙一样，很有可能成为不断重复的争吵原因和神经刺激。每个人用自己的特殊性，来为自己的独特分析辩护。例如钥匙，很明显，往往参照的是一个明确确定的正式位置，而且理论上是二人共享的。而其他一些物品，会很让人犹豫，是指定一个合适的位置呢，还是说让它随处摆放。剪刀，经常会被提到，也是一个很好的例证。杰拉尔丁的方法很简单：她会一直把剪刀放在厨房的一个抽屉里。她试图把这个方法当成是一个模式，分享给年轻夫妻。伯纳德口头上说同意，实际上继续我行我素（他在住所里居住的时间比她更长）。剪刀用完后，他更喜欢把它放在手边，而不是重新回到厨房放好。所以他有很多放剪刀的地方，有一些是惯常的，一些是杰拉尔丁指定的，更多的是随机的。"她生气了，给我小心点！她说我总是乱放剪刀，但不是这样的，我有放好，我不准备回去厨房，因为我在书房啊，不至于这么胡来吧！每次她在这个事情上发火的时候，我也很恼火。为了一把剪刀就挑起危机真的是很愚蠢。"对杰拉尔丁进行了分开采访，她对这件可笑的事情表示愤怒。"剪刀从来没有被放回应在的位置。每次我需要剪刀的时候，我都要大吼！！这不至于很难吧！"所谓的"放好"，有时候就是根本找不到。伯纳德不记得剪刀放哪儿了，但他还是能控制好自己不发火。"他竟还敢笑和讽刺我。有那么几次，我真的想杀了他！"几个月后，预先安排好的夫妻共同采访没有进行；伯纳德还活着，但夫妻二人已经离婚了。

不满会附着在共享的物品（通常是没有合理共享的）上，或者是被迫和解的狭窄的领域。这种被迫的和解并不总是夫妻间的问题所在！爱的欲望会像魔术一样，消除双方分歧的潜在刺激。一些小小的爱意举动（互补关系、柔情似水、相互包容）就足以让亲密接触变得甜蜜和快乐。然而，当爱情的冲动没那么强烈了，分歧的对抗就尤为艰难，双方的接近使对抗立刻变得一触即发。床上、饭桌上、浴室里：在各种亲密接触的地方不总是让人愉悦的。就拿车子来说吧，密闭的小空间中，会带来更多的回响。几个星期之前，难以抑制地，米弥（Mimie）和米卡尔（Mickaël）之间的紧张气氛出现了。米弥在开车，米卡尔很生气，他点燃了一根雪茄，米弥要求他马上熄灭。他说她这样开车很危险，她必须停止，否则他要下车。最终，在猛烈地敲打车子之前，他嘟囔着自己的愤怒，徒步走了10公里。被迫的和解可以让事情发展到极端，最好的或者最差的极端。

通常，作为表面上的共同物品，小汽车实际上会被其中的一位主角所霸占，他会把自己的想法强加于人，包括车内的装饰和卫生。冲突是如此相似，正如其他共享的物品。但在车子里，当丈夫和妻子并肩而坐，冲突会更多。在这个狭窄的小空间里，最平常的希望达成统一的意愿都必须附着在一系列参数之上：车内的问题、电台频道的选择和音量的大小……新的文化冲击产生。洛伦佐对他的妻子发怒，然后把电台声音调到最大。埃琳娜和杰克有关车子的争吵主要围绕温度的高低。"关于车子的事情，每次都会成为我们吵闹的源头：我不喜欢冷气，他喜欢冷气……直到今天，我们还是经常为这个事情吵架。"他们通常的战术是：谁开车谁说了算。但埃琳娜很讨厌忍受冷气，即使不是她在开车。"通常是由司机来决定适宜的温度，但我承认，我总是拒绝冷气，这激怒了杰克。"

要不当司机要不当乘客，在车里没有中间的情况。特别棘手的问题，也是我们马上要讲到的：开车的风格。在过去的年代，这个问题不存在，因为总是丈夫在开车。这不是妻子的事情，她的心思会飞到别的地方。但自从很久之前，妻子也有了自己的驾照，开始拒绝只是旁观，而是要在方方面面都参与进来。所以妻子通常有自己的车子，用她自己的方式来驾驶和管理。难题通常出在需要一起旅游的时候，因为其中一人会模糊地被认定要驾车。或者是，明确规定每个人可以继续按照自己的方式开车，另一个人作为乘客和替换者，不能发表意见。两种文化会产生冲突[1]。驾车风格是很罕见的反例之一，似乎男人比女人更容易生气。这很容易解释。事实上男人的头脑中还保留了旧时代的印记，认为只有男人才开车。坐在乘客的位置上，对他来说是新鲜事，他很难让自己脱离并完全依赖自己的同伴。他会瞄一眼道路，快速地做出批评。我们可以看到，男人幼稚的倒退的思维泡沫可能会让妻子更普遍地早熟——男人好像懂得一切，一直都是。相反地，驾驶车子的主导地位的丧失促使某些丈夫有偏激的想法：所有的女人都不适合开车。佩德罗（Pedro）就是这样想的，这就是为什么只要是两个人一起出去，他就夺取方向盘。除了特殊情况，就像今天这样，菲德丽娅（Fidelia）说道："有一个激烈的例子：早上开始，我就当我丈夫的司机，即使我有繁忙的日程安排，因为他把车子留在了修理厂。佩德罗要去医院做一个检查，不严重但会很难受，所以我出于一片好意来给他开车。但他就一直不停地批评我的驾驶技术并且给我下达指令。我再也忍受不了了，无论是他还是我，驾驶技术都不差，只是驾驶的方法不一

---

[1] 何祐（Hoyau）、教皇（Le Pape）：《女性驾车：驾车的性别分析》，法国社会学协会第二次会议，波尔多，2006年9月5日至8日。

样。当他开车的时候,我会强迫自己不说话,即使有让我觉得不妥的地方。那天早上,经过反复考虑,我决定让他碰碰钉子,我把他独自留在医院门口,但之后我还是给他打了个电话看看有没有好消息。我真的觉得,在开车这个方面,我形成了非常根深蒂固的刻板印象,女人不适合开车,这使我更加没有了自信,更加需要支配权。"

体验不好的、强迫性的或者不协调的融合,都会促使不满的孵化,包括我们最不想遇到的,最亲密的地方,在睡床上(这个有时候还关乎其他重要作用的地方),还有卫生习惯、餐桌礼仪。洛伦佐挑起了没完没了的"床单大战",摧毁了他们的每个晚上。"特别是反反复复不停地争吵。被子、被套都会成为'战争'的中心。"被子搅在一起,第二天醒来又会有一场新的争吵。"早上开始床就会很乱,床单乱糟糟、被子横过来,被套挤成一团,有人就喜欢整齐,晚上可以躺在整齐得像正方形的床铺上!"卡洛琳就如其他人一样,在马克的例子中,以性别歧视的方式以偏概全。"早上起床时,在去上班前,男士会让我不满(眼神空洞,头发卷在一起,缺乏微笑和礼貌)。"女士同样也会有这样的样子,每个人起床的节奏和方式都不一样,这和性别无关[1]。这是夫妻不满中最经常提到也是最显著的画面。围绕着这些,例如加利和阿吉拉节奏的不同就会产生更多的不理解和冲突。"我比他吃饭要快许多

---

[1]霍夫曼:《第一天的早晨:爱情故事是如何产生的》,巴黎:阿芒·科林出版社2002年版。

（我们最开始在一起时，我试着按他的节奏吃饭，可我放弃了，因为我喜欢吃热腾腾的东西），一般在他吃完时我就能匆匆把碗都洗了。还有我一定需要提醒他，当他来拿甜品时，把他用过的碗拿到厨房，如果不这样他就不会做。他认为能在把脏碗拿到厨房前吃完饭，这种情况下我就要自己去拿了（这太过分了，我还要洗碗呢！）或者等着这位先生屈尊拿来，我才能完成洗碗的工作。"加利说。此外，围绕着饭桌的不满，还混杂着另外一种由不被赞赏的亲密接触产生的负面情绪（厌烦）。我们在后文还能看到。

两种节奏的华尔兹

夫妻生活是一场舞蹈[1]，一场无穷无尽充满矛盾的舞蹈，结合了冷与热、激烈和平静、次序和无序、纪律和自在。拥有最好的和最坏的，对立的两种文化相互交锋也同时相互缠绕。尤其是时间观念上。时间不是中性的物质，它能空洞也可以充实，稀薄或者稠密，懒散或者节奏紧凑，对于同一个人特性也会有所变化。但超越个人变化以外的特性聚集起来形成了你我的相对一致性，定义了在一段时间内的个性特征：准时而紧张，或者平静得忘记了时间；一切安排得井井有条，生活在计划中，而不是当下，或者随机应变者，活在每分每

---

[1] 赫菲兹（Hefez）、罗佛（Laufer）：《双人舞》，巴黎：阿歇特文学出版社2002年版。

秒，等等。对于杰克来说，时间是丰富和慷慨的，而埃琳娜认为时间是手里流逝的沙粒。她计算，重复计算那还剩下的一点时间，运用各种方法来说服她无法理解的杰克。

"我们对于时间的看法很不同：杰克觉得总有时间来做事情和准备，一直拖到最后一秒钟，而我喜欢事情有很好的组织，提前准备。例如当我们准备出去玩，杰克会第一个跑去洗澡，然后花几个小时来着装，他收拾证件，穿鞋，上上网，挑选他想穿的牛仔裤（他有一个惊人的衣橱，就像女士的衣橱），看看电视……我在他穿好衣服之前就能完成洗澡、着装和化妆。我是那种'时刻准备着'的人，我惧怕迟到和等几个小时才能出发……我不让自己不满的窍门是：我告诉杰克我只有十分钟（我还没有穿好衣服和化妆，但我预计好了），然后我不停发送这条消息直到我打扮完毕坐到沙发上等他。他还在磨磨蹭蹭，于是我告诉他我已经准备好了：'现在就出发！'（我已经开始恼火了！）这时他和我说，是我在等你呢！……他真的惹到我了！要离开一个家庭晚会也是这样的，当我说：'我们走吧。'就意味着现在就走，我们穿好大衣，拿上包包然后离开……可是杰克还要花上几个小时和桌上的人继续聊聊，看看屋里有什么变化，和别人约上十年后的聚会……天啊！"

埃琳娜也意识到了对方基于另外一种生活哲学，也有他的不理解和恼怒。"我承认这也让他不满，只是我不愿意慢悠悠地等：当我们说到什么就要马上去做。我也同意他要保留一些漫不经心和享受时间的空间……"享受时间是一个很美妙的想法，在言语上就吸引了她。但是当杰克开始磨蹭和拖延时，美好的想法很快就消逝了，剩下不满，这揭示了深刻的真理：所有美好的想法，埃琳娜都喜欢井井有条。

两个人中最守时的那个通常是和遵守纪律与计划联系在一起，反对在组织和时间上漫不经心的一方，两种世界观对立起来。对于埃琳娜，杰克总是迟到和疏于组织，总是没完没了地偏离主题放松自己，而她严格地遵守了计划。

在伊莉莎看来，罗博尔（Robert）要对不好的事情负责。"还让我不满的是他什么都不计划，而我要做很多安排，提前准备（例如星期六要进行大采购，冰箱已经空了）。相反，他什么都不计划，他没有意识到星期六要去采购，他'精神上'没有准备好在商店里要花两个小时（这时我们周末就只能吃罐头了）。还有使我不满的就是他从不准时，可他总有时间。习惯这些小缺点，我就有了些诀窍，比如我们等待的时候把表调快一点，避免迟到得太厉害。"

夫妻共舞，同甘共苦，却不停伴随着各种矛盾。最糟糕的情况是差异在冲突中凝结成不满的来源，尤其是物品的分享、空间和家务的分配方面。最好的情况是，差异建立了一种互补角色的分配，让生活更方便。我们可以看见埃琳娜和杰克还处于夫妻生活的第一阶段，差异正处于生活的核心，用以定义适合的家庭体系。沉浸于这项复杂的工作，他们还不知道如何准确区分哪些是有益的不满，哪些是毫无结果的。在那些需要保留和最好解决的不满之间，埃琳娜按直觉认为她男朋友偏离主题和迟缓是没有任何实际功用的，只能带来不满。但在时间安排上，分析还不是那么明晰。接着而来的问题是，埃琳娜被她深爱的对方冷静的即兴发挥所激怒，她试图以一种专制的方式，确定和加强了主配角的分配。"在组织假期、周末和闲暇时间上，我喜欢提前安排，按计划行事，知道我的目的地，什么时候到达，在哪里住宿，怎么到达哪里，为什么……因此我计划一切（至少是出发和到达的安排，此后每天现场安排）。我只提前一个月安排，然后在出发前一周解决细节问题，也不要太过头……记住，我可以最后时刻才出发，但我要知道去哪里（在朋友、家人、住宿等方面）。杰克有点跟不上，在紧张和疲劳的时候，我承认我们会有更多问题，我一直都督促着杰克，他也越来越少支持我安排的一切。"杰克很难跟上节奏，因为他颠覆了安排的一切，至少在生存的这个方面，他没什么变化。可这种颠覆就像其他身份的变动，精神上是疲累的，实际上却没有它表现的那么痛苦。因为他会觉得他卸下了不擅长的责任，也许还会撒手不理了，反正是埃琳娜安排一切。"这让杰克有些不满，他觉得给他自由发挥的空间少了（他说得对）。可整体上他很高兴我能组织一切。"埃琳娜同样也是分裂的，她有时会怀念他们逝去的最初的无忧无虑（"他说得对"），这种对自由的梦想有时是模糊的怀旧之情，可当它展现在现实中时就显得不可接受和让人不满了，杰克错了，无可救药地错了。最好的证明就是有时候他们会互换角色，杰克来负责组织，可埃琳娜却不能放手去休息。"可让我不满的是，当他负责组织时，所有的事情在出发前一晚九点钟后才得以处理。我们去他父母家，他忘记通知他爸妈，或者没有告诉他们我们是周五晚上或者周六早上几点钟到。这太让我不满了，因为我个人觉得这是种缺乏尊重和生活能力的表现！"遭受这样糟糕的安排比去骚扰平时慢吞吞的人还要让人生气。角色的安排也许还要继续明确。

差异也会影响其他时间相关特性，比如生活节奏。有些人动作快，有些人慢；有的人热衷某项活动，而有的人喜欢其他的；有的人起得早，有的人睡得晚。"我已经到了早上，他还在夜晚。因此他会不惜一切赖在床上（当他不上班的时候）。我们的性格太不一样了。最糟糕的是周六早上（我气坏了），在睡了个懒觉后，他第一句话就是：'我还没睡够，太累了，我头疼、背疼、肚子疼……你太大声了，突然把我吵醒了。'"在经历了多年（八年半）的共同生活后，情况更恶化了。"还要加上一点，在晚起后，他还要洗很长时间澡，慢慢吃饭，我于是和他吵起来，为什么他给面包涂黄油像在做艺术品。"妮可（Nicole）说。节奏的差异还会导致更大压力，床笫之间和饭桌上造成很多火花。当某些举动、行为和惯常用语固化下来后，这些点也固化了双方天差地别的文化鸿沟，并转化成不满的引爆器。像做艺术品一样慢慢地涂抹面包突然变得比任何一切都不能容忍，它立刻就会引发对立。最初妮可会严厉地反驳，声称她也有睡懒觉的权利。"我呢，我没有权利这么做吗？"这是糟糕的策略，因为她完全没有这样的欲望。管控不住她的不满，于是妮可陷入了对夫妻关系的不满。"我觉得被否定了，身体也越来越不适。"

节奏上的差异，表面上看来经常只是更宽泛意义上文化的对立，也会扩展到其他人和对世界的看法。加利不能忍受阿吉拉的拖沓，这使她想到他没有生活在想要的生活里，她和阿吉拉的活法不同。"我们肯定没有同样的节奏，也没有同样的性格。我自认为很活跃（我做运动，工作也很投入，还有很多爱好），阿吉拉则毫无生气。最后我们说他很迟缓，尤其是他不能同时做两件事情。我经常同时干三件事，还在计划第四件事。"对于阿吉拉来说，他的妻子过于活跃，忽视了充实地活在当下的智慧。"我知道我在房间里走来走去还把电话放在肩膀上让他愤怒到极点。他觉得如果让对方听见洗衣机的声音，就是不尊重与我打电话的人。"

自己的痕迹

尽管每天都努力做些事情来融合，但夫妻伴侣始终还是截然不同的陌生人。这些差异通常被遗忘，被已建立的家庭亲密所掩盖，或者被吸引力和欲望遮盖。然后时不时地差异会浮出水面，形成两个对立的阵营，被不同的道德观念和一般原则（教育模式、时间观念）所分裂，这些都是在细微的生活冲突中形成的（梭鱼头，给面包抹黄油就像做艺术品）。另外一个人是陌生人，因为他有不同的个人历史，背负着长时间和沉重的记忆，有时这些是矛盾的，但就是他自己的。尽管人越来越可塑，但不可否认的是这些记忆会铭记终生。有些生理上决定的东西还会起更大的作用，比如对冷或者热敏感就完全和个人历史无关。或者这种无意识的差异同样会让人不满，就好像对方是始作俑者。我们回想一下埃琳娜和杰克在车上的情景，事实上对于冷或者热的冲突是永恒的。"我总是很冷，即使在炎夏，只要一入夜我就会穿上毛衣。让我非常不满的是杰克总是很热，于是我们经常就温度的问题吵闹。"莎拉（Sarah）因为彼特（Peter）的笑不满，这让她再也笑不出来。"他每说一句话就要笑，不管什么时候什么事情。这种笑让我发狂，让我在公共场合丢脸。他就不能说完一句话时不笑出来吗？！我用询问的眼光看着他，好像说有什么那么好笑的。"我就问莎拉一个问题，她觉得彼特是否真的要对这种深植于他内心的习惯负责。或者莎拉是不是应该尝试控制一下自己的不满，如果找不到任何解决方法？她同意这是一种条件反射。她非常不满，但还继续无休止地如此反应，还沉溺于能转变彼特的迷梦中。"不，我完全没有习惯这种说完每句话后的笑，尽管情况这么令人沮丧。我同意你的意见，这变成了不受他意愿控制的反射。如果我以疑问的表情看着他，就是表示这有什么可笑的？告诉他一点都不好笑，他笑得没有理由。我当然和他讲了很多次，他说他就是这样，没法改变。我很害怕自己就因为他让我不满就对他很凶。"

一个梭鱼头，一片抹过黄油的面包，感觉冷或是热，一个笑……不满的堆积是非常多样的。我收到的抱怨清单充斥了各种杂乱和混乱的元素。包括一些小的举动，讲话或者沉默的方式，还有其他各种东西。养的宠物经常也同样位列其中，尤其是这个宠物不是两人共同选择的。例如伊莎贝拉的男朋友，如果我问他，自然就会聊到有关猫的事情。"我的猫平躺在床上对着我，但绝对不会对着我男朋友，因为它知道如果这样干就会成为第一只被踢到月球的猫。"强硬的靠近或者没有很好控制的亲密无间会令双方无法忍受，甚至会发生身体上的冲突。相反，对方的离开也不能解决问题，因为他留下了他经过、活动的痕迹，令人不能接受的烦人的行为方式的痕迹。一个小小的指头的痕迹，还有其他更明显的痕迹就能唤醒不满，可丈夫却认为自己用强酸进行清洁的方式完全有道理。"他没有一天是不在地板上、门锁上和门框上留下痕迹的，这都逃不过我的眼睛，也让我非常不满。"拉米亚（Lamia）说。

神经战

在周而复始的重大事件里，按照事情的重要性和时间先后排序，金钱经常是恼怒的来源，充耳不闻也会演变为不满。和其他东西一样，不同的角色会在夫妻间产生。一种是精打细算、节省和控制家庭经济大权的人；一种是无忧无虑、慷慨大方和及时行乐的人。此外，好像惯常的辅助功能分配在这里有些颠倒，男性更加处于清心寡欲、守纪律的一边，而女性则处于享乐主义和放松的一边，因此有很多不满是由于男性的过于节省而产生的。当然这个标准很模糊，也有例外。以伊莎贝拉为例，她除了和乱挤牙膏的行为做斗争，还严禁浪费，尤其在钱不多的时候。"我最近经历的就是我们的一个联名账户很有问题，完全不知道钱花到哪里去了，就像干涸的戈壁滩。他不高兴是因为要把账还上，而我要在存款中搜寻可以来付电话费的钱，他就把账单藏起来免得我狂吼（因为那时候上网还用电话线，很贵的）。我就不跟你说我们就这个问题吵了多少次了。他奉行的是鸵鸟政策，而我精打细算，可不太兼容。为了不要过于随意，我们两个人多少都要勒紧裤腰带。当一个人实行，而另一个人不配合时，那就要卡壳了。"

两种道德观念和相反的关于储蓄和支出的观念要施于同样一笔钱上时，会让如何使用变得很敏感。为了避免正面的冲突，亲密的敌对双方会大量使用一种带来和平的伎俩：试图定义哪些是个人的财物（包含在小小的个人自由空间内的），但可能会让节省的一方过分抵触。玛丽-艾尼斯（Marie-Agnès）因此决定不再和马克一起去买衣服。因为（就像伊莎贝拉）她很节省，可马克是个大牌子的爱好者，"他什么都会买的"。因此她的不满很强烈。于是她更喜欢让他自己去买，并忽略这些。当马克回到家后，她当然也会问他冒失和疯狂的价格，玛丽-艾尼斯接着不停地说这太贵了。"可这就是所有会发生的事情，我们不会打起来的。"玛丽-艾尼斯自控并接受了她老公的这个特别之处，可只有极少数夫妻能做到这一点。因为一般来说，不和谐会转化为划定边界来保证夫妻世界以外的个人权利。在平静的时刻，嘴巴上会允诺这样的权利，但只要一点点的热度推动，这些权利就会慢慢缩小直到消失，挥霍无度者会被勒令进行反思。没有比双方各执一词和循环往复的模糊带来更多不和谐和更糟糕的事了。"说实话，这都是衣服啊！我要忍受衣柜被堆满了，她像下雪一样把东西买回家，手上都是购物袋，而嘴角还在微笑！她的眼睛闪着光彩，我还要说这太棒了！她在家里搞时装表演，我就要表现得兴奋和愉快。我只有一点点的同感：'还可以吧。'我已竭尽全力忍住，因为我快要爆发了。可我在呼号！！看看钱都花哪里了，她有多少次总是一次性把所有乱七八糟的东西都买了。我同意，衣服都是各买各的，可都是这个家的钱。我就非常注意这点，我买的还不到她的百分之一。的确每个人都有自己的观点。她满意地笑了，可我受不了。这太让人不满了，哪天肯定要闹翻。"马库斯说。马库斯的女朋友同样也会失望，马库斯平淡地嘟嘟囔囔说出的"好，还可以吧"离她想象中的赞叹太远了。可他们都含糊地觉得最好是大致保持这样的妥协。"一点点的同感"是必需的小缺憾。一点混淆避免了爆发，这也比单纯的不满风险要小，伊莎贝拉也同样需要混淆，为了掩饰一些刺激她的矛盾。她是家里节省的人，当男朋友在网上挥霍无度时，她很不高兴。她的个人开销则是要另外处理的，不受家庭开支严控的限制。"一个男人为了太太的理发费就跳起来，而忽略了女士剪头肯定比一般的要贵，因为理发的价格就是这样的，这没什么问题。"的确最好是保留一点秘密的小金库。

隐秘的世界

同样，在其他方面，最好也保持谨慎的态度，比如说政治观点。当两个人有同样或者只有微小的分歧时，这会使讨论更加愉快，关于政治的谈话有助于建立统一的世界。但如果思想观点差异很大，调研显示夫妻更倾向于不谈论政治话题，保持团结，避免不满，每个人都会在家庭以外和朋友谈论这样的话题。[1]

埃琳娜和杰克只能以沉默来达成妥协。他们想和对方讨论政治，倾听并理解对方的观点，但他们还是陷入试图辩论并说服对方的折磨中。他们遇到了顽固的分歧。争执的目标与其说是政治不如说是公司的事情。"对在我们工作的公司里进行投资的讨论经常是不满的来源。实际上，杰克不了解为什么我没有对公司进行长期投资，其实因为我对公司不信任。我不但不了解他为什么有这样的献身精神，也不知道他的'士气'从何而来。另外，一年半的失业时间削弱了我的'士气'。简而言之，我们有不同的观点，我们没办法相互调和。"这是一个比政治更加尖锐的话题。因为这会直接跳过对于观点的一般讨论（这个阶段能"相互尊重对方观点，并听取对方的论据"），而直接触及夫妻间更加具体的选择。"这经常是不满的来源，因为这关乎我们的未来。"

到底有什么可行性和适合的方式使夫妻能各自经营自己的秘密花园呢？面对不满和危机的风险，或者虚伪和背叛，回答没那么简单。保留自主和秘密的倾向经常会被不好的想法纠缠。梅洛迪觉得自己必须向"他"敞开心扉并得到补偿（好像要救赎并非错误的东西），结果是灾难性的。"我本想和他分

---

[1] 史蒂文斯（Stevens）：《夫妻和政治，双重的自己还是双方的游戏？》，社会学学位论文，凡尔赛大学圣康丁昂伊夫纳校区。

享我自主范围内的一些东西，他从来没有参与的事情，如果我不说他永远不知道的事（可能是给您的邮件、表演工作室、我的朋友和体育活动等）。但这次我觉得没有必要和他讲这些，并分享这些秘密，这在他看来是不信任的标志；同时，我也不太了解情况，我不太想和他讲。他的回答让我觉得很不合适，我立刻发现了不满（他从来不帮我，他什么都不知道，也什么都不懂）。"不满会因混杂两种不和谐而加倍：丰满的理想和骨感的现实（他不是她想象的那样），也涉及了独立空间的调整。想将一部分秘密融入夫妻生活的尝试失败了，由此产生的不满比之前的错误更加糟糕。

"他"以他的角度无疑对自主有另外一种定义，他不那么关心秘密而更在乎个人的享受。我们回想一下，梅洛迪很不满，因为伴侣把面包泡到汤里，然后"贪婪地吞下整片湿面包"。对于梅洛迪而言，吃饭是夫妻整体生活的一部分，她丈夫需要克制自己个人的舒适，有良好的仪态（她就更不用梦想有什么吸引人之处了）。"他"不能理解，如果不能觉得舒适和满足自己生存中简单的欢愉，那夫妻在一起干什么呢？对于寻求相爱和安乐窝的人，他的伴侣可能会显出一副家庭暴君的模样，以共同生活为更高利益的名义，持久地与不当的欢快和过分放肆做斗争。

过于接近

由于在家庭内的专横或者简单的亲近，伴侣会侵入人们最想保留的空间，他也许只是想靠近你或者没有想到你会因此感到受到侵犯、窒息、被纠缠和被窥视。两种理念再次交锋，尝试划定个人空间的界限。我在《第一天的早晨》（*Premier matin*）观察到：尤其是触及个人卫生习惯的亲密举动会产生多少文化的碰撞。一边坚持原始自然（什么也不隐瞒），另一边支持克制和神秘。第一天早上有很多焦虑和不适，然后有很多不满。因为有些行为方式是顽固的，不会随时间而改变。引发不满的通常都是伴侣中的一方，但事情不是孤立的。伊莎贝拉以我们熟悉的方式详细讲述了事件："当一个人端坐在厕所的时候，你不合时宜地打开门，这肯定是不太好看的，尤其是要讲到一个需要长时间讨论的话题的时候，这里可不是聊天的客厅。你会想这是不是孩子们的怪癖？绝对不是，这就是为什么成年人对自己的伴侣有那么大的失望。相反，当坐在厕所的人故意让门敞开着，在各种背景声里继续讨论，也许房间的布局容许的话，还能看一眼电视上的球赛或者节目。这种气味，非常让人生气！无线电话的发明无疑是福音，但当你被困在这狭小的空间，有个人不容分辩地把电话递给你就是诅咒了，'是你妈妈的电话'。总不能挂妈妈的电话吧，但还是会觉得不舒服，就好像是视频电话或者味道会散发出去。最糟糕的是，妈妈还问：'这是什么奇怪的声音？'其实只要说：'他/她现在没空，我叫他/她尽快打给你。再见岳母/婆婆'就好了。这不复杂的。"

那些藐视私人空间的人会坚决而持续地犯同样的错，强加他的霸权，甚至患有严重的间谍恐惧症，就如卡斯汝的丈夫:"我讲电话的时候我老公就变成间谍,先是从远处听,然后逐渐靠近。最绝的是,他会加入对话,试图猜测我在和谁讲话,在聊些什么。"通常我们会想这并不是什么不好的事,只是寻求接近、亲密或者是爱。我很惊讶于在《第一天的早晨》中有关起床时伴侣间距离的争执。有些场景因为某些简单的原因(比如,醒来后就有很多问题,在洗手间和浴室里的卫生习惯,从被子里钻出来个一般般的裸体等)显得有些问题,床上就不仅仅是温柔、火热和爱抚了。过多的爱抚会让人觉得窒息,被爱所控制。人们需要努力增加些距离,让人有更多呼吸的空间,例如去买牛角面包。在夫妻共同生活的最初就有两种关于什么是合适距离观点的交锋,就已经开始在两种矛盾的欲望中进行协调,确定标准的雏形,然而之后只有冲突。女性经常更黏人,倾向于亲密接触;男性则更在乎自主,生怕失去对生活和个人舒适空间的控制。不同的"我"构建了"我们",并与顽固坚持不融入的"我"做斗争,这是"我们—我"与"我—我"之间的斗争、大型的感情战争或者日常关于细节的冲突。艾利克斯(Alex)说:"安妮特(Annette)很温柔,但是她没有一点观念来区分我的和她的。或者更准确地说,我的就是她的,这是她理解什么是'我们'的方式。我要花时间来找我的钢笔、笔记本、打火机……"[1]玛丽-伊迪斯(Marie-Edith)要不停地收拾埃里

---

[1]事例由毛里斯·马斯奴(Maurice Maschino)收集和引述,《双方的谎言》,巴黎:卡勒曼-雷威出版社1995年版,第90页。

克（Eric）的毛衣，带着别人的体温，但她能在其间找到自己的存在。埃里克不喜欢这样，他不满，找不同的理由来划定属于他自己的世界的边界。"他说我把东西都弄坏了，衣服上有洞，线也脱了，我拿香烟烧衣服，诸如此类他都不喜欢。"在"我"与"我们"之间移动的边界，难以固定和明确。奥黑莉（Aurélie）的男朋友觉得他可以干涉厨房的活，因为这是公共的事务，很简单，总是分配某些活给奥黑莉。这样的分配并不是没有激怒奥黑莉。但是一旦进入厨房，奥黑莉就会竭力投入更多的个人精力来更好地控制。然而我们观察到的情况其实是加倍不满："有一次，他对我说了让我不悦的话。他对我说：'火太大了，都快烧焦了。'我对他说：'你去把盘子摆好就行了！你要是更会做，你来做吧。'我就去外面抽根烟，然后过一刻钟回来。"[1]

在家庭内，由于亲密的基础产生的不满我们可以从两方面感受到。首先当然是不满的一方，感到非常窒息、被纠缠和被窥视，试图用个人空间的气泡保护自己，但总是不敢于公开地表达自己的诉求。但在另外一方看来，他或是她并不觉得自己是侵害者，他会歌颂原始和自然、家庭的亲近、爱的接触。对方粗暴的对待会被视为对自己、对情侣关系和爱的抛弃，难以理解和不能接受的逃避。最终，一方觉得离得太近，另一方觉

---

[1] 事例由伊莎贝拉·卡拉波-穆索（Isabelle Garabuau-Moussaoui）收集和引述，《下厨与独立：年轻与食物》，巴黎：阿玛林出版社2002年版，第191页。

得太远。

过于远离

对于那些觉得两人间距离太远的夫妻，不满发生的方式与觉得距离过近的夫妻不一样。后者被逼入绝境，无法利用距离这个工具，一般不得不咽下不满或者想些阴险的招式来避免公开的冲突。"距离过远"关系中不满的人一般不会承受如此的压力。我们可以看到对于个人空间的定义通常（被两方）用来消减恼怒。就像伊莉莎虽然对罗博尔花大把时间玩电游而不上床睡觉很不满，但总犹豫着不敢坚定地干预他："我不能以夫妻的名义来禁止他玩游戏，让我们'在一起'。"可这种不干预加剧了不满，以不太激烈的方式打断了亲密的关系，并且纠缠似的长期存在，且会变成对夫妻关系的不满。不满不断滋生于梦想的生活模式（深爱的伴侣，在亲密接触中融合）和可悲的现实生活（充满着个人主义的顽固抵抗）之间的不和谐。明显的逃避每次也都是小小的冲击。

弗朗索瓦·德·辛格力（François de Singly）通过各种摩擦和步调不一致的情况，研究如何保持个人和夫妻共有身份之间的平衡，这个小团体就好像钟摆一样左右摇摆，一下嘀嗒是"孤独"的个体，一下嘀嗒是"在一起"的个体[1]。日常生

---

[1] 参见弗朗索瓦·德·辛格力（François de Singly），《一起自由：同居生活中的个人主义》，巴黎：纳唐出版社2000年版，第14页。

活中有很多小场景都特别有说服力，尤其在使用电话方面。一般在家庭内使用电话是被容许的，为了工作，也为了保持跟朋友的联系。但这取决于来电和夫妻生活的竞争关系，以及这是否成为避开的借口。有些在家里刚刚做过的事甚至会有更多的影响（笑声，大声欢呼），这时声调单一，眼神迷惘，当然这也取决于事情的程度。"我老公花一晚上时间打电话？啊，我实在对他不满意，我受不了。我不高兴是因为我们平时晚上才能见面，要是他打电话超过20分钟，我就会问他是不是要一晚上都煲电话。实际上，我生气是因为我感到孤独，我希望我们能聊聊或者他能参与家里的事务。我能接受他给几个人打电话，但不是一整晚。"[1]他们没有太多意识到，对垒双方正在试图划定红线，来确定什么是可能产生不满的过分使用电话和电视的情况（对于不能忍受偏离个人主义的人）。细小的分歧就能产生一般的不满；如果不和，就是真正的愤怒了。就好像卡洛琳，她再也不能忍受伯纳德在电视前面睡觉，直到凌晨两三点钟才回到两个人的床上。"让我不满的是电视。有些小花招就是不停换台，站在电视面前。但没有用，他还不动。饭已经准备好了，我叫他，他还待在电视前。我至少要叫他十次，直到第十次他才站起身。他没有发现我在喊他。"

当简单的自立进入有意的自闭和自私自利时，那不满就会爆发，就像夫妻间的宣战。比如我们可以看看加利，周日早餐

---

[1] 参见弗朗索瓦·德·辛格力（François de Singly），《一起自由：同居生活中的个人主义》，巴黎：纳唐出版社2000年版，第62页。

的情景让她很生气。过于外露的自私，这真是爱情核心经历中的导火索。他们本想早餐是夫妻两人共有的时光：两双手共同准备幸福的餐盘。可惜，周日早上都因为大男子主义的粗鲁行径变得火光四射。"我们一般会在周日在电视前面一起吃早饭，这是一周内唯一的二人早餐，因为我比他起得早。早餐对于我来说是神圣的：平时是很丰盛，周末完全可以取代中午饭。因此，我们准备好满满的一盘食物放到电视前面。我总是喝茶，于是我去烧水，把茶泡起来。一般阿吉拉会磨磨蹭蹭（他只管他的橙汁，我就负责烤面包，倒牛奶，拿出黄油和果酱，等等，如果不这样他会忘记一半要做的事情），趁着茶还没有泡好，在餐盘堆满后把它放到桌上。很让我恼火的是，我觉得他只顾他的早餐，不管我是不是还要往餐盘里加东西。他可能简单地觉得盘子已经满了，就把它拿走了。我可以接受的解释是他拿走满的盘子再和我下去拿别的东西。可他不，他利用这点时间打开DVD机，不等我就开始看碟了。"加利说。

　　分享日常生活可不是简单的事。因为这不是简单的装饰。身份认同的界限（在某个特定的时间）是不定的，也在不停变化中：或者纯粹个人的空间通过电话、电脑和电视向其他领域投射（朋友、工作、想象）；或者超越自我进入夫妻二人的时刻；或者是小小的个人兴趣等。这无法完全步调一致。到了这一步，行为方式和道德规范的背景都不一样：都是引发不满的机会。每对夫妇都有千万种失调在运行，没有哪一对不是建立在如此失调，也许是恼火之上的。我们没能感知到或者只意识到一些，因为二人生活的艺术就是要了解如何处理这些，千种方法中，压抑是最简单和最经常使用的。不满还潜伏在夫妻生活表面之下。但只要小小的冲突或者用爱来抵御的方法减弱就会爆发。日常生活能转变为激动和恼怒情绪的地狱。面对这种情况，夫妇如果有能力拥有两套房时，他们更愿意把较好的那套房子作为共同活动区域（约会、娱乐、性和情感），以便分离开日常生活和产生矛盾的源头。可惜这不总是足够的。不满被烦人的激流带到新的事物上，总是能附着到任何一个差异点上。分开住会加剧这些差距的情况还没有考虑进去。萝丝（Rosy）变成了一个神经球，就要爆发了。查理（Charly）住在离她十分钟远的地方，但他们见面很少，比她希望的要少多了。查理给她打电话都是精打细算过的。"对不起，但在一周中的某几天，我所需要的时间会稍稍超出晚九点到清晨七点。"她等待，等着他，幻想能简单地在一起吃顿饭。查理喜欢一个人吃，他总在吃完后来找她，即使是深夜，也没有事先通知她。萝丝的话是生硬和激烈的，你需要理解她。"我总能感觉到，已经晚上七点半了，我还是不知道他会不会来，我如果要去呢，又担心他是不是正在赶往我家的路上……如往常一样，我就要找到答案……那手机周末的免费流量是拿来干吗的（此外，这是一个女人该考虑的事情吗）？但这不够，就像我爸爸说的：我们不能强迫一头驴子喝水。天杀的！[1]我饿了[2]，我等待，我能肯定他会和我说他已经吃过饭了。"

---

[1] 这个辱骂的话，不是对她的父亲讲的，是对查理讲的。
[2] 萝丝备感饥饿；生理上，是因为事物；爱情上，是因为查理的存在。

第四章 机制

清单

我曾请求调研对象用他们认为最合适的方式完全自由地发表意见。他们不太知道怎么开场,给我讲述一两件吵闹的事情,然后我提出第一批问题。有些人采取了这样的方法,大多数觉得一来就要先列个单子,越全越好,于是给我发来了所有吵闹的清单。这样做揭示了很多东西。在进行分析前,有必要举几个例子来展示夫妻抱怨清单的内容。我当然不能列举所有内容,只节选了一些让我们觉得最有意思的例子。我选择了四个比较有代表性的,完整地复述如下。她们(就像那些没能列举出来的)采用了同样的结构:简单列举,混合了非常不同和细小的动机。我们来听听卡斯汝、爱丽丝、佐伊和卡丝奥佩(Cassiopée)的抱怨吧。

卡斯汝

"至于您的调查中所提到的，在夫妻关系中最让人恼怒的是：

"当我周三或者周五花了两个小时熨烫衣服，两个小时购物，一个小时收拾女儿的房间，还有……人都发疯了，我老公回家看见有条围巾或者其他什么没有收拾，他就宣称'我要收拾房间'。我给他指出其他干的活，都是徒劳，他还继续。他要表现出他也参与了。

"当他做出了错误决定，甚至非常错误的决定时，他就会好好地讨论一下或者提出一个要解决的问题。

"当我正在和女友讲话，他打断我的话头。

"当他饿的时候，在厨房游荡，甚至阻碍我做饭时，还有吃完饭他就消失了。

"当他安安静静地读他的杂志，而我一整天都没有喘口气的时候。

"当他回到家，他不高兴我和他诉说我很累，即使我不舒服时。我期待的是聆听和安慰，他呢……在走过场，亲我的时都不看我一眼。

"当我们同时节食，他一周就瘦了五公斤，而我两周都很难瘦三公斤。

"当他想让女儿提前学习……女儿才五岁！让孩子在学业

上失败的最好方法就是给他压力。

"当他吃饭时,有时会有细小磨牙的声音。

"当他自以为他是整栋楼的主人时(他在业主委员会,想什么都管)。

"哦哟!除此以外什么都好,他有很多优点,我也喜欢他。"

爱丽丝

"下面是他一些'大的'和'小的'让我恼火的事情,当然这单子不全,即便这样,我还是很爱他!

"当我们要出发去什么地方,他和我说:'好的,你准备好了没有?我们出发吧!'而我正在准备,两分钟后才能好,而他还有很多别的事情没干呢,最后我等了他15分钟。更经常是我们都关了门,在楼梯上了,他和我说'等一下,我忘记上厕所了',或者,'我要去涂手霜。'

"经过了四年的解释,他还分不清生火腿和熟火腿,也分不清洋蒜和红葱。

"他看电视的时候就不能不分析、评论、发火和愤怒,对于我来说则是放松的时刻,什么都不用想。

"他吃饭、洗碗、熨烫衣服、准备出门还有干些小事都很慢,我觉得他浪费了太多时间!

"我要明确的是对于以上四种吵闹,依照我的心情和状态,当我会觉得可爱和好玩,感到是被某种'爱的推动'时才对他这些行为这样。

"当他前一天晚上睡得很晚,第二天早上说很累要晚上早点睡,但实际上他还是睡得很晚,于是第三天早上还是累,他还抱怨!

"当他不能更严肃地和我说'今天晚上一定要提醒我给我爸爸打电话,电脑要杀毒,等等',但当我晚上提醒他的时候,他和我说:'啊,好吧,我明天再干吧。'

"当他要说什么伤人话或者他发火的时候,他的嘴巴很滑稽,我觉得他真可恶和可笑。

"当他玩电玩的时候,有时候过不了这一关或者那一关,他就会无法想象地焦虑和恼怒,而我觉得不就是游戏吗,游戏是用来放松和愉快地打发时间的。

"他对那些他觉得无聊但我认为重要的事情一点都不注意,比如,浪费食物,拿死亡和疾病开玩笑。

"我们一起坐火车的时候,由于他总是晚到,要在路上跑,坐的位置还不好;而我喜欢早点到,不慌不忙地,还能买本杂志。

"他神经紧张,他看什么都不对,太过多疑;而我完全相反,我觉得他这样忧虑很可笑。

"当我和他说些事情,他要花好几秒(我觉得太长了)才能回答或者注意到我,他很清楚地听到我在和他说话,但他和我说话的时候在想别的事情,或者看电视,要是他和我说话,尽管我忙着也会立刻注意到他。

"好了,这些就是我现在能想到的,要是我以后每天更注意的话，清单会更长。"

佐伊

"我有好几个月都处于完全'危机'中，我随时都要面对好多吵闹。我甚至有时会想我是否还爱我的老公。我想是的，但把感情放在一边，我想也许我们分开生活会更好，这样我就可以避免我所说的'杀千刀的日子'，因为有很多我们结合时最初没有注意到的小事都出现了……细节让我非常恼怒，一般来说都发生在饭桌上：

"他一口塞太多的东西，连他的嘴巴都变形了；

"有时候他舔指头很大声；

"他喝热的甚至温的东西时发出很大声音，跟他妈妈一样；

"不能像一个文明人一样咬面包，他把鼻子凑到盘子里撕咬面包（很大块），就像一个洞穴人；

"他总是把他的纸巾揉成一团；

"他口里塞满食物时说话，尽管他说的话谁也听不懂（我禁止孩子们这么做）；

"他舔过小勺子然后再放进果酱瓶子里；

"他舔餐刀；

"他舔过餐刀再去用刀切奶油（附注：我再次读到这些时觉得太可笑，太异乎寻常了，我问自己我要是遇见这样的情况会有多么恼怒）。

"还有其他情况同样让我发火：

"当我们在城里，他和我说话解释事情的时候，就站在正路中间（可是他可以继续走路啊）；

"在街上他说话总是大声吼，好像没有旁人一样；

"当有其他人在，尤其是他不认识的人时，他的站姿就会很僵硬，人们会觉得他胀了起来像只小公鸡；

"对了，如果是女士在场，他就变成一只公鸡；

"他每晚都把袜子丢到客厅；

"我忍受不了他那种在喉咙里抱怨的方式，我简直不能相信他还是我最开始认识的人；

"他上床的时候掀开被子，我觉得冷风阵阵；

"当他比我晚睡时，他会在卧室里脱裤子丢到地上，他的皮带扣在地板上'轰'的一声响……受不了；

"当他比我晚得睡时，我总能看见走廊上的灯光；

"当猫想进房间而他不想让它进的时候，他就在镶玻璃的门洞上踢一脚；

"他总是把一些小东西（钥匙、钉子、笔、纸）放到餐厅的家具上；

"他总是把手放在窗玻璃和白墙上；看，这是个例子。"

卡丝奥佩

"他总是能让我对自己所做的事情进行反思，而他一犯再犯，我都不能且不愿再提示他了：不清洁厨房，不把莲蓬头放到该放的位置，不收拾东西，不清洁墙上的污点；

"我们雇用了一位清洁女工,而这位女工有时不能完全按照他的想法,就把事情都做了,对他来说女工应该猜到他没有说出的事情。于是他抱怨,求我给女工打电话,因为他不愿直接干这事;我有时干得比他快多了!

"在朋友、亲戚生日的时候,打电话都必须我来做;

"所有假期,娱乐,孩子们的活动也都是我干的,否则什么也不会发生;

"他尿到马桶外也不擦;

"他批评一切,但从不质疑自己;

"如果我们想要一个他不喜欢的东西,就是为了烦他;

"他说话比较粗俗,孩子们一下就学会了,但他一点都不改;

"他不愿意坐公共交通和包车;

"他周末去购物穿得整整齐齐,相反,星期中间上班该注意的时候他就不注意;

"他不接受孩子在外过夜(一个三岁、一个十岁);

"他从不积极和乐观;

"他不喜欢节日和电影;

"他没有爱好,也没有朋友;

"他沉迷于电视。"

卡斯汝、爱丽丝、佐伊、卡丝奥佩和很多其他人在写下这些回答时,也吓了自己一跳。他们非常想弄清楚吵闹这个问题。他们已经感觉到这些,但没有很清楚地辨识出来,也从来没有花时间去弄清楚。调研是个好机会,他们觉得应该很容易完成。于是他们拿出笔和纸（或者坐到电脑前），开始思考。有时最开始成果很少。"我寻找今早我没想到的例子，发现真多！"克莱曼婷说。洛伦佐原本还怀疑是否有那么多可说的，"好了，完全没想到，我开始想应该没什么惹恼我的，但最后我发现我正在头脑里挑选，依我的心情哪些是的的确确惹恼我的，哪些是很严重的，哪些是经常的……一大堆。"然后是个长长的清单。很多调研对象告诉我他们获得了同样的结果：在最初的努力工作后，恼怒还是处于无法触摸的混沌中，清单上的最初几行突然打开了一个无底的潘多拉盒子。也许这冗长的写作太累了，但更确定的是，他们被笔下所揭露的他们伴侣的另一面所震惊，然后就干巴巴地结束了，写下一句话说他们再不能继续了，想结束这张清单。"我暂停一下。"卡洛琳说。对有些人来说，清单是唯一和仅有的证明。好像这项工作因为可能产生的涟漪也带来了惧怕。尽管他们不愿意，写下清单将是无尽的发现之旅，一个想法带来另一个，一直到提出关于存在的问题，质疑伴侣关系本身。因而最好停下来。"对不起挂了电话，但吵闹时那么心烦，以至于把这些写下来更让我恼怒。"维拉格说。

  清单使我们学到很多东西。尤其是潘多拉盒子的逻辑本身。清单展示了很多不协调，是吵闹的潜在原因，也是无穷无尽的，夫妻会经常忽略这一点（这是这项工作的危险性）。在大多数情况下，只有一些无关紧要的事会使人发怒，夫妻两人有时会觉得可笑。但这层平和的表面是持续不断地处理不协调的结果，会运用各种方法，最主要的是忍住。开始写下这个清单展开了平时吵闹没有想到的一面。

清单的丰富信息也包含了各种乱七八糟的动机，经常是细小的，揭示了这些不协调如何决定细节，并变成了吵闹的起动装置。

结晶

自从司汤达在他的名著里提出了对爱情如此的描述，"结晶"这个词就确立了在情感领域的地位。司汤达写道：爱情的结晶标志着对于欲望对象的决裂和观点变化，瞬间变得像钻石般纯洁。但这美妙的画面也正好有完全相反的形象，吵闹的黑钻石，以无法逆转和不愉快的激烈情感一下就打碎了伴侣间的美好；与聚合在一起相反，像雷击般把夫妻们对立起来，和成为敌人（一段时间后）的伴侣对立起来。

如爱情有它的先决条件，吵闹在发展成为激烈的情感冲突前（使人脱离原来的自我）也会经历逐渐演变的过程。最基础的就是遗忘，表面的平静，完全的压抑。超出正常的情况会塑造出压抑情感和闭口不言的行为习惯。在调研中丹尼尔（Daniel）才惊奇地发现原来厕所里的草纸都被塞到纸筒芯的时候是这么让克里斯汀（Christine）恼火。"但你从来不说啊！你不说别人怎么会知道呢！"开始自愿地来加强情绪压抑的时候说明不协调已悄悄开始起作用，吵闹的威胁已渐近。"把自己管好吧，你对自己说，不要把事情弄复杂了。"只要有一点压力就发火。艾伦（Alain）说[1]。结晶，第三和最后一个阶段就会立刻运作起来。吵闹再也不是什么在耳朵里吱吱响的不和谐乐曲了，而是自由地激烈爆发。

从完全压抑到自由爆发，一般渐进的过程是有规律的。劳伦斯·勒·杜阿亨（Laurence Le Douarin）[2]提到了一个父亲被儿子惹恼的例子。因为儿子一直玩电动游戏，他的恼火一波接一波直到顶峰，言语也变得越来越严厉。就晚上来说吧，随着时间推移情况也开始沸腾。过了晚上11点，父亲非常想睡觉了，在黑暗中换上衣服，屏幕的闪光一下就打开了他愤怒的阀门。"烦死我了！不要干蠢事了！"但更经常的是真正的情感冲动是突如其来的。同样被惹恼的人也千百遍成为受害者，但情况是千差万别，同样可笑和不能接受。他忘记了这些，在被请求写下清单时也不能记起。但是，他记在了心里。此外，这内心似曾相识的怪异之处被忘记才叫人更惊心动魄。结晶使生活的次序发生颠倒，既清晰又不同。稍稍打开一点情绪压抑的秘密大门，它与其说是简单地退回无意识（个人借夫妻关系掩盖个人的身份），不如说是身份的转移，这转移极大减少了吵闹的因素。

---

[1]例证由赛琳·布退（Céline Bouchat）收集和引用，《这是我家，他们家，我们家……同时哪里也不是：大学宿舍同居人类学研究》，布鲁塞尔自由大学，2005年，第80页。

[2]杜阿亨（Douarin）：《电脑与父子关系》，载于D.Le Gall的《亲密关系的种类：另一个法国编年史》，巴黎：阿玛栋出版社2005年版，第171页。

这怎么能忘记呢?被惹怒的人忘记了是因为他是他者,一个被夫妻关系社会化的个体,这个他者要与他有所区别,也不会特别使他不快。或者有些不快,小小的似噪声的乐曲刚刚能被听见,但他当没有听见。有多少次伊莎贝拉看见了被挤扁的牙膏筒而没有发作?有多少次妮可看见像艺术品一样的涂满黄油的面包没有爆发?尽管玛德琳(Madeleine)坚决地要求,雷昂还是顽固地拒绝做家务(这肯定会激怒他的太太)。"这对现在的年轻人是行得通的,我们可是老派的人。"除了偶尔擦擦碗,他总是惊惧地感到他的手指头是油乎乎的,这引得他要宣泄一下伤心和愤怒。"我都不知道是什么让我没大吼着把碗摔到地上。"

发泄不满

这餐桌上的情景就是始料不及和尖锐的结晶的一种模式。雷昂和玛德琳还有很多不满的场景,要罗列出来单子很长,他们都没有时间相互厌恶。然而(这要区分不满的情绪的激烈和攻击性程度)大部分不满长久以来已被很好地控制。他们带着游戏的心理,看着对方上演被很好控制的戏码,就好像在剧场里,可表达的都是实实在在的不满。这里举个例子,两把椅子的章节。很多很多年来,每天晚上小冲突都会发生。他们有两把椅子放在床的两边,用来放脱下来的衣服。结果两个人都把衣服堆成杂乱的一堆。每个人都不满意,但原因不同。雷昂看见他太太的椅子,回想起平时就是乱糟糟的,于是发火了。玛德琳因为丈夫斜着眼睛看她并尖刻地批评非常恼火。尽管两把椅子的特征都差不多，可每一把都是一个个人空间。"这和他无关。"雷昂对自己的椅子也不满，私下想玛德琳变成一个房间的仙女就好了。可这个假仙女感受到了这种要求，觉得不可接受。"如果他不高兴的话，那他自己干就好了。"这种粗暴无礼让雷昂内部分裂了，陷入两难，是自己来收拾呢还是不要碰这件事。这混乱的局面错综复杂，没法理出头绪来。这种激怒的言语不成结构，无法构建清晰的论据。但随着时间也产生了惯例。"言无不尽。"雷昂说。有时候夜晚就是轻喜剧的调子。雷昂和玛德琳，就像玩游戏一样抛出惯有的奇思妙语，但不过于执着这些话，大家还能嬉笑一番。其他的夜晚情绪更加沉重，有着正剧气氛，但不会脱轨变成真正的悲剧并陷入没完没了的长篇大论。因为演员都已磨合过，控制着剧情的发展。尽管他们没法解释深层的原因，但言语上的交锋就能让他们放松下来，不会产生什么不良后果。发现这不会带来灾难后，大家几乎都毫无保留地投入进去。

结晶的发生不是巧合，它所选择的基础是能说明很多问题的。如果他们能平和地在线头中找到线索而不是像他们所做的大发脾气，雷昂和玛德琳也许能更多地利用两把椅子的戏剧，更好地了解如何就问题来调整。然而在有些情况下，纯粹放任的态度占了上风，他们更加高声地发表意见，因为动机显得唾手可得和微不足道。把不满建立在复杂的解释上是困难和冒风险的。此外，列表只能一个个展现非常具体和杂乱的动机。结晶只能附着在具体的基础上，其中某些动机的随机属性又能使自己更加释放。我们回想一下吉恩，对于衬衣和纽扣很不满意，却陷入不是那么能说出口的梦想里，就是家里的规矩不要那么严。"经常让我恼火和不满的就是我跟他说：把东西收拾收拾！"阿涅斯说。很多在吉恩心里的东西不能很公开地说出来，总是要非常好地控制怎么说。关于把钥匙放在秘密地方的问题可以很容易从背景中剥离出来，激愤的话听上去是如此伤心。只就具体的一点宣称自己发火了，吉恩实际上提供给阿涅斯一个他自己都不能接受的怪癖的例子。我们来听听：

吉恩说："你看看，我回家了结果门打不开。为什么你总是隔几分钟就把门给关上？这有什么用。这太烦人了！此外还有让人不高兴的是，找钥匙时发现钥匙被藏起来了！"

阿涅斯说："钥匙没被藏起来，它就在那个秘密的角落放着。"

吉恩说："秘密的角落！！什么也不告诉我，瞧，我都急出一身汗了，我很不高兴。"

这些发泄的习惯重新建立了情绪的平衡。这样或那样的问题（时不时刺耳的音乐和激烈的不满）被带到了遗忘的模糊地带，但永远都不会消失。这种发泄的习惯就好像俗语所说的"言无不尽"，是一种补偿机制（尽管所宣泄的并不总是最重要和明确的）。有时还会发生的是一旦愤怒的言语说出口，惹人不满的那个人就后悔为什么说话那么大声，说得那么不客气。这迫使大家回到正常夫妻的次序。可也会发生相反的事情。并不是所有人都能很好地掌控局面，比如雷昂和玛德琳关于椅子的争吵。向对方发出的情绪发泄和尖刻言语都有可能引发升级反应并留下痕迹。"轻视就是引爆物，"艾利克斯解释道，"我做了什么蠢事吗？安妮特总利用这些来劈头盖脸发泄对我的不满，我吃饭的方式是'黄鼠狼'和'臭烘烘的'，我坐的样子，肩膀塌下来，'就像个罪犯'，我'粗鲁'（当她家有哪个老太太来我就要避开）。"[1]

一般来说，那些能让人"言无不尽"的情景并不是完全无害的，总会留下痕迹。它让人发泄，暂时平静下来，但是滋养了今后的冲突。萝丝对查理很不满，总觉得他很少能按心意来看自己，饭后不通知又跑来。她梦想能和查理更经常在一起吃饭……也对他饭桌上的仪态不满，尤其是对于蛋黄酱的痴迷（这解释了为什么他喜欢在自己家吃饭，以免被批判）。此外，萝丝还在向查理宣告分手的电邮里写道："好好享受蛋黄酱吧！"分手实际上只持续了几个星期。现在萝丝依然在等待她的查理，但在说了上面的话以后，两人很难面对面地在饭桌前一起和平相处。

身份的各方面

发泄性的不满其好处在于不仅仅能"言无不尽"，还能一次性释放被压抑的情绪。因而能找回在某段时间被遮蔽的身份坐标。对于夫妻生活一般的观点认为这是妥协的艺术。实际

---

[1] 例证由毛里斯·马斯奴（Maurice Maschino）收集和引用，《双方的谎言》，巴黎：卡勒曼-雷威出版社1995年版，第91页。

上这个观点更实在。因为妥协的预设条件是个人，就是他自身，没有改变并接受让步。或许有种更深刻的变动：个人身份改变了。不满越少越缓和，身份的拟态就更完整：不满的程度就好像个人在夫妻关系中社会化的温度计。愤怒情绪的发泄相反地脱离了这样的规范，揭示了还有另外一个我潜伏着。另外一个我完全不陌生，反而非常熟悉：就是在结婚前的旧我，自主的我，当妥协不能被接受，当婚姻生活不能表达生活的意义时，这个我就拒绝消失。这解释了很多危机核心的态度，特点是向自我的回缩，例如赌气。不满的人封闭在自己的世界里，掌握着自己坚信的确定性。被情感裹挟，又被各种事实激励，人有时候会容许自己忽视具体的现实，与周围的世界分隔开，而且与婚前久远的历史联系起来（这和正经历的生活是用虚线联系在一起的）。表述自我存在的工作不是同一和唯一的[1]。我们给自己讲很多我们自己的故事，正在发生的或者先后到来的，但这都与遥远的过往开始建立联系[2]。围绕着不满，讲述的可能性减少到两种，取决于是否正处于危机中，人们会讲述两种几乎相反的关于自己生活的故事。

我们得到非常惊人的发现：人们是如此没有注意到这些身份的转变，但转变是突然的，而我们还是如此沉浸在自我连续性的美妙幻想中。实际上人从一个身份向另一个很不同的身份

---

[1] 利科（Ricœur）：《让自己成为另一个人》，载于《Points》文集，巴黎：塞伊出版社1990年版。
[2] 霍夫曼：《自我创造：个人身份理论》，巴黎：阿芒·科林出版社2004年版。

转变是变化无常的，不管是向自我的回缩还是相反地重新融入夫妻关系。在第一个例子中，主人公被情感所裹挟，没有时间想到身份的转变，结果仅得到简单发泄的快乐；第二个例子有更多的反思，很难继续向个人主义的爆发发展。此外，还经常伴随着各种内疚和不适，促使以一种实用的方式与夫妻共同身份相结合，尽管有些缺点，但这显然是唯一可行的出路。例如，埃琳娜会毫无头绪地产生发泄的不满。"我们诚实一点吧，我们也有激烈的争吵（也能发泄一番）。"我问他们是否有时觉得有些失控。埃琳娜在回答中，区分出那种动机不明显的纯粹的发泄，以及其他有明显原因的。"如果我们要聊一个对我们日常夫妻生活产生严重影响的不满，在这种情况下，是的，它会毒化我们的空间（也许会持续两天，但不会持续更长时间，因为我在那之前就崩溃了）。"两天，附加的身份，另外一种对自我存在的看法就会在这段时间建立起来。埃琳娜在这期间不会一成不变，在给杰克展示的表面（板着脸）之下表明她还处于敌对的状态，内心也有斗争的狂潮。"对于我，我会冷静下来，再展开建设性的交流。"尽管不满不会那么快冷却下来，但希望尽快恢复到正常夫妻生活的愿望却钻到心里。脱离自己理智的极端不满经常会诱发的不仅仅是回归正常，还有补偿。带来不满的人身份会变化。佩德罗不会因为菲德丽娅开车带他去看医生就停止对她开车方式的批评。这一点非常让人不满，于是菲德丽娅把佩德罗，一个人丢在诊所门口，自己解决问题。佩德罗假装忘记了，好像一切都已平息，两人的个人主义差别也就此遗忘。很久以前菲德丽娅就计划好不带佩德罗，一个人和朋友出去旅行，这（最开始本来没有这么想）变成了所遭受的不满的报复。"好吧，我旅行完周三回来，这让我焕然一新！"这也重新塑造了一个充满爱的男人。"佩德罗来接我，重逢是这么热烈，他送我一罐防晒霜，还给我按摩了肩部，这真是件大事，因为他很少送我礼物，给我'免费'按摩就更稀罕了。他跟我说他想我了，我也同样很高兴和他重逢。离开我他显得和我更加合拍了。"

这种爱的突然转变对伴侣来说总是欢悦的。可相反突然把自己封闭起来摆出一张臭脸就很难熬了，这对于引起不满（很少能注意到自己的罪过）和不满的人来说都很艰难。对于还在维持连续性的假象但身份已变化的人，他的伴侣会很不高兴，加倍恼怒。这种情况直接的原因是摆在自己面前不期而来的难看的脸，更深层的原因是伴侣身份的不一致，失调了。陷入这样的陷阱，终极的策略通常是在被攻击时实施报复，以眼还眼，以牙还牙，但要避免事件不断升级到达顶点，而且非常重要的是，告诉对手过分的自我封闭不是没有风险的。

杀死爱情和爱的魔力

磨合的效果是显而易见的，不管对于不满中个人主义的倾向还是它的反面，都需要爱的融合。佩德罗和菲德丽娅在他们重逢时完全忘记了曾经的不良想法；他们基本同时是敌人也是同谋。不满让人分开，而爱的魔力有同样的力量让两个人合而为一，这简直太好了。但磨合和效果不足以单独解释这样的结果。因为红线为爱打成了结，幸福的结合（可惜总是暂时的）才有可能发生，可总是有所保留的。

夫妻生活是场永恒的斗争：那些维系和支持关系的人必须统御那些排斥和带来不满的人。有很多方法可以达到这个目的。表面上最简单的是（但不适用所有人）在生活中随波逐流，不要有过多的要求和问题，就好像老式夫妻那样。就像佐伊说的，有时候经常需要些好似反击的坚定举动才行："对于我来说，爱要比日常生活占有更多的空间，否则我会窒息。但是日常生活充满了'杀死爱情'的东西。最佳的平衡是用超级强力的爱的水滴消灭这些'杀死爱情'的东西。这神奇的水滴能让我们处理好不满，转移到别的事情上。"我们会在第三部分看到对付不满的方法。但有一点是需要引起注意的，不满和融合一般不会在同一个场景发生。当然也会发生这样的事，像佐伊所做的，简单、面对面地加入"神奇的水滴"来消弭不满。可在大多数情况下，反击是不直接的、将注意力转移到另外的非日常生活的领域——相对抽象的情感世界。佐伊同样运用了这样的方法。因为需要加入很多水滴，它的魔力会打折扣；不满继续高升。佐伊已经在序言中提供了她的不满清单。"我有好几个月都处于'危机'中，我不停地感到不满。数量如此之多以至于我要问问自己是否还爱我的丈夫。我知道我还爱他，但如果把情感因素放在一边，我想我们最好还是分开生活来避免我所说的'被日常生活杀死'，对于我来说，它就是我们最开始在一起时没有注意到的那些小事。"那"把情感因素放在一边"有可能意味什么呢？情感可以因此而置身实际生活之外吗？在最初相识时情感的激流冲昏了头脑，人们当然可以认可这一点；就好像谚语所说，爱是盲目的。但伴侣关系确定后还能发现爱和现实世界的分离那就更加惊人了。日常生活在本质上被一系列梦想所遮蔽，不会被过度研究；不可触摸的情感世界有其道理，可理性不认可这些。有很多调研对象提到了让他们震惊的这一点，他们会比较曾经一起生活的不同伴侣，发现爱并不是和不满动机的严重性成反比的。那些本来不满的情绪没有发生，因为还爱着他；那些非常关怀和注意你的人只要一点点不和就会被粗暴对待。莎拉很震惊，自己为了几乎完全没有的事就开始不满（他过分地迎合莎拉）。"我想我不爱他了，对他的支持不够。因为如果我们如此爱一个人，那么这些小事就不该有如此的重要性。我和孩子的父亲结婚23年了，他有很多缺点，可我看不见。因为我非常爱他。"可他显得"很冷淡，缺乏关爱，甚至在离婚前很恶劣"。她现在的男朋友"相反是个很关爱对方的人"。关爱但引发不满。他越是温柔和体贴，越让人不满。

情感把夫妻关系带到了另外一个世界。激情再次展示了身份颠倒的力量。卡洛琳对马克很不满，但一下就忘记了所有不满。"我太幸运了，有这样一个满眼含情的男人，也会在过分的时候道歉。当他说'你是对的，我会努力的'，我的心就化了。"尽管萝丝也会对她嗜吃蛋黄酱的男友心软，但她还是发出了分手的电邮。"他打电话给我，因为他很温柔，我就心软了。"可下次男友没有按照答应的时间到达时，又要发火了。爱的融合的时刻就是那些细小的迷人的不经意间，亲密交流的空间，既不真实地脱离实际生活又不完全在其中。不真实地脱离实际生活是因为这些根植于具体的细节，实实在在地分享了快乐。又不完全在其中是因为这不是普通的现实，只是些特别的时刻。

惯有的生活处在中间的位置，因为重复和井井有条的实际情况而沉重。在两个极端（不满的危机和爱的融合），两个人走出社会化的规范来诠释有更多变化的片断。有两个相反的版本：一个是穿上战袍相互攻击，每个人为自己打算；另一个是融入对方的爱中，相互扶持合而为一。这两种极端都不会持续太长时间。一般的平静和情感波动的比例，有很多变化。有些伴侣的运作是重复日常平静的生活（这种倾向更加男性化），或者另外的伴侣更倾向即兴发挥、丰富的情感（更加女性化的倾向）。在后一种情况下，对立的情感找到平衡；也有更多的叫声和情感发泄。经常感到不满并不一定意味着爱的缺乏。

情绪的混淆

夫妻产生于极为复杂的情感变化，所以必须平衡小小的发泄吵闹和爱的平和。可是这样或者那样的训练都只能产生不完全的和谐，因为对于事实的解读有着深刻的分歧。情感上的接近并不能避免双方对于争执原因的沟通不在一个频道上，爱可以暂时搁置这些争执，但不能消除它们。然而两人的结合产生了能深刻理解对方的幻影。当有不满又爆出来时就会觉得惊奇了,也揭示了差异的顽固坚持。"人们在头脑里设想好了,想象对方强迫自己这么想,有时头脑还没准备好理解这些,有点困难。"[1]玛丽-伊迪斯说。

很多因素会影响对分歧的感知,最主要的是夫妻不断进行的社会化进程,尤其是两人还爱意正浓的时候:所有可能产生不满的东西都被压抑,暂时遗忘。此外,如不能总是很清晰地区分责任和梳理杂乱的事物,不满的人也不会进行深入的分析。结晶是树状(不同清晰程度)的,固化了很多细节,也掩盖了纠结在一起的各种原因的痛点,包括那些看起来最简单的。比如,杰克对埃琳娜花太多时间打电话不满,这个埃琳娜自己也承认。"我总在晚上霸占着电话,尤其是周日晚五点到九点。这让杰克不高兴,因为这样我经常不吃热饭而聊些这个那个的事情,我平时十点或十一点前也没空干别的。"不满的主要原因是清楚的(夫妻间的竞争),我已经很强调了这一点。而且,杰克个人非常抵触使用电话,"他讨厌电话,我总是要提醒他打电话给他的姐姐、父母、表姐、姑妈……这常常要持续几个星期"。埃琳娜不仅仅忽视杰克,而且她还以杰克不可理解的方式逃避。杰克对被这两个因素纠缠而感到不满,从来也没有弄清楚哪个让他更生气。这是一个基本的示例,两种因素交织在一起,没有叠加。但因素通常有更多

---

[1]根据《夫妻关系》(*La Trame conjugale*),事例收入于伯特兰德·凡·埃方特尔(Bertrand Van Effenterre)与丹尼尔·劳费尔(Danièle Laufer)合著的《爱情与脏袜子》(*Amour et chaussettes sales*)中。法国高蒙电视台/Canal+电视频道,1994年。

种，以精巧的方式重叠在一起（我们可以回想一下雷昂和玛德琳两把椅子的故事）。但只要偶尔有些不一致的情况，就会使事情的表象模糊起来（杰克太讲次序，会是第一个收拾文件的人）。这种模糊在不一致的事情上，当不仅触及一个具体事件，而是牵涉更宽泛的内容时会更加明显。埃琳娜是无可置疑的组织安排的行家，任何小事都可以在一个月前安排好。"我总是在监督杰克，可他越来越不支持我的对安排一切的坚持。"对于平时出行的安排，埃琳娜偏好密集的安排和出其不意，参加很多活动。对于这样激烈而飘忽的安排，杰克显得就非常守规矩了。"杰克很稳定，而我是自由的电子：我每年都搬家，经常换公司，会想外派到国外工作，换个地区工作，这让杰克很不满，因为我总是在准备改变我们的生活，使生活'进化'。如果我是某些变化的驱动者，我经常有点过头，这迫使杰克竭力辩解维持某种稳定。"每个人都以很个人的方式捍卫某种次序的理念，各方面都渗入骨髓（埃琳娜安排未来，而杰克紧紧抓住当下）。对于次序的维护并不是一致也不是偏向某方的，更多的是根据问题的内容而采用某方的观点。

已经很难把冲突的两种文化梳理清楚了，但这里只是涉及了它们技术层面的特性。而要解读挑衅者的想法那就更复杂了——是因为他们激怒了别人还不知道而表现出来的不可救药的天真呢，还是无法自我改进呢？伊莎贝拉对于现在的男友倾向于第二种解释。"我亲爱的实在是健忘，而且发生很多次，在情况激化时，我们会说：天啊，太蠢了；不会吧，他就是故意的。不过看到他像猫一样蜷缩一团，浑身湿透地呜呜叫，也就知道他心里其实挺内疚的了。这就是不满和狂怒之间的差别。我们总不能一直都对他忘记东西发火吧。"或者他真的是拒绝做一点点努力，甚至故意装天真来激怒对方。使对方不满的方法可能会比原来不满的动机更让人难以忍受。如伊莎贝拉和前夫的情况，那个让人恼火的丈夫。"这种人想让人恼火，尤其当我们知道他明明可以不这么做时。实际上这是唯一使我发怒的原因。他知道，我们也明白他知道，但他以为我们不知道，尤其他继续这么干的时候。"这种简单的行为，其实是阴险的侵犯，让人极为恼怒。也许最初本不具攻击性的态度造成了这样的结果。以马克为例，他模糊地觉得没有更多地帮卡洛琳是不对的。口头上他做出了些承诺，也不乏诚意，但都没有下文。正是这种言行不一让卡洛琳跳了起来："让我不满的还有，'你歇歇吧！你干得太多了！我去干'！我很肯定，他正懒洋洋地坐在沙发上，而家里有一大堆事情要干。"一个人有其多样性，一直致力于弥合内部的言行不一。不完美总是临时的。产生的矛盾和情绪突然变化增加了对方的不满，也使不满的动机变得模糊。没有比发火但不知道为什么发火更糟糕的了。

关于真相的一点想法

可是不满里不只有模糊的部分。正好相反，不满意的人经常确信他的真理就是绝对的、一目了然的、放之四海皆准的和理性的真理。这不完全错误：理性的片断有时可以用来判断文化的冲突。比如说，夫妻两人认可一个放钥匙的地方，那个不遵守的人会觉得被动，通常拒绝辩解。但大多数时候给亲密的人定罪时都会觉得自己个人掌握的就是放之四海皆准的真理，对方的真理就不再有正当性。这样的话就技术上比较，两方的讨论就如同鸡同鸭讲没完没了。因为觉得自己掌握了真理，不满就会急速增加。拉米亚很累——在许多年后，她的丈夫还继续做坏事并不思悔改。她置身于老师的地位，不停地说教。我询问她是否对她行动的正确性有过怀疑。她说不，从来没有过。"我觉得我有道理，他和很多实际的事情脱节。"无疑她并不完全错，尤其是他们争论开车的事情。"在车上我老公没有一点方向感，不听我的走对的路，而非常固执地在街上转圈（我知道他清楚我的方向感很好，因为我已证明了很多次，尤其是在国外旅行的时候）。这种态度让我发火，不仅因为这浪费时间，而且油费也翻了一番。他不接受我给他的指示，还责怪我不该手把手教他开车。"可她这样事事介入的态度适得其反——她老公紧张了，拒绝任何改变。同样对毛巾和抹布又是一场无休止的争斗。拉米亚不理解为什么她丈夫能生活在一个东西完全不分门别类摆放好的世界里。"当我老公进了厨房，看见任何污渍就马上跑去随便拿起一块抹布或者破布来擦，或者拿起我手上的毛巾、厨房清洁用纸、海绵，可每件东西都有它自己的功用。大多时候他拿起最好看的一块抹布（也是他看见的第一块）来擦油迹、番茄酱或者其他沾上的东西，要是我就会用海绵（因为容易清洗）。我花时间向他解释我不想脏东西把我漂亮的抹布弄脏了，海绵才是来擦脏东西的，你要是这样干我还要花别的时间来清洁抹布，要用开水烫才行。他听不进去，老是这样。对浴室的毛巾他也这样，他洗完澡就用来洗脸擦脚，不是还有一块垫脚布吗？！觉得这太不可思议了，因为我们有垫脚布可他就记不住，他只要找找或者问一下就好了。"

很多例子可以证明每个人都会坚持自己的行为方式，在冲突爆发的时候也会试图说服对方，大量运用理性的论据来动摇对方。可惜，一般来说理性是相对和片面的，即使对方被说服也能举出其他一串道理。伊莎贝拉最终明白了她的道理不是绝对的，只是反映了这个世界的一些观点。这是迈向睿智的第一步。"我们之间有很多障碍：我根据情况很严格地控制东西的重量、长度、体积，如果我能用一欧元一升的价格买到一大瓶，尤其是东西不会过期的话，我不会花两欧元买一升小瓶的东西。我会买很多东西。可我亲爱而温柔的老公不懂这种狂热，他会买一堆小包的洗衣粉，因为东西就在眼前，可他只需要买一个就好了而不是三个。我们经常争吵，他说东西都堆不下了，我说要节省，最糟糕的是，我们的论据都站得住脚，因为我们的房间小，工资也不高，因此不但要节省空间也要节约钱。我们于是轮流做出让步：一次是我满含泪水买来十二包促销的饼干，另一次是他像黄鼠狼一样嘶吼，就是为了阻止我买促销的十包装的柔软剂。"

不和谐

伊莎贝拉和她丈夫有相反的逻辑理论。他们的观点不能达成一致,这种不和谐是吵闹的来源。半个世纪以来,尤其是自利昂·费斯廷格(Leon Festinger)[1]的先锋著作问世后,社会心理学收集了许多数据证明"认知失调"对于个体来说是多么不能接受[2]。实验室的工作显示,如果有与之前伦理和行为失调一样的观念产生,会带来心理的不适并促使人们以各种不同的方式来吸收失调,并有自我欺骗的风险。因为绝对的苛求控制了对于真相的追求,并在真相里过滤对其有利的东西:个人的统一[3]。很多研究工作都很有说服力,但也限于某些特性。研究结果经常把认知失调视为一种特殊情况,并连续贯穿在普通生活中心,它们过分夸大理性的论证和观点。或许伊莎贝拉和她老公为购物而争吵的情况是特例。如果吵闹总是来源于认知失调,那么认知失调就与清晰理性的思维相冲突。最主要的是处于无意识和模糊意识模式下构建的行为方式,并不同程度地混合在一起(自主的手势,本能的理想化模式等)。

---

[1] 费斯廷格(Festinger):《认知失调理论》,美国埃文斯顿:洛伦皮特森出版社1957年版。
[2] 普瓦杜(Poitou):《认知失调》,巴黎:阿芒·科林出版社1974年版。
[3] 霍夫曼:《自我创造:个人身份理论》:巴黎,阿芒·科林出版社2004年版。

被激怒的人是不会仔细分析动机的，他会突然被某些小事引起的情绪所包围，有时纯粹就是宣泄。在客观的家庭内部身份（当太复杂时已很难理清）和具体引起吵闹的原因之间，联系有时是很牵强的。如果总是认知失调引起吵闹，那么它本身也不能解释吵闹是为什么和如何发生的。夫妻们会觉得他们的日子竟有如此大的差别，有时感情的氛围极利于吵闹的发生，有时相反大家又忍气吞声。只要稍有疲惫，被随意挤压的牙膏就能成为繁忙生活中压倒骆驼的最后一根稻草，伊莎贝拉如是。只消一个忙碌的工作日或者和两岁的女儿吵一架，就会让卡洛琳完全失去控制。"我就要失控闹出大事，我就想找人吵架发泄发泄。"只要听到有人来访，亚尼斯的妻子就会变了样，气氛也随之紧绷。上周五，她的一个朋友要到家里来带她去购物。在她来之前，亚尼斯的妻子全变了，因为要收拾这乱糟糟的家。"天哪，我都没法说，家里要面貌一新，什么都不能落下。我知道我没什么好说的，要收拾一切，书籍、CD、袜子、外套、包、电脑边或者客厅桌上的咖啡杯、女儿'自己忘记收的'玩具等。我个人而言不是那么在乎的，但为了不激怒她，为了家里的安宁，我照做了，我向上帝祷告。"有时气氛也会幸运地突然向好的方向转变。我再也没有卡洛琳的消息了，因为她的沉默已说明了一切。"近几个月我男朋友一点都不来烦我了，但这是因为我们现在处于某种默契、温情和爱的气泡中。（有时我都想掐他的脖子，这正常吗？！）"对于玛尔维纳，战争与和平的平衡保持着有规律的节奏，进入了秋天的幸福。"因为这个阶段他常不在家，也不会那么惹我发火了。"但更艰难的时刻是夏天的假期（从我们认识以来最激烈的时刻）和圣诞节（理想的圣诞节对和谐的要求很高，我没做到）。所宣称的幸福的背景是很难控制的，当幸福没有如约而至时，吵闹于是降临了。

第五章 延伸

一个完全没想到的手势、一句没有预见的话和一阵情感的冲动都能使我们脱离于夫妻的世界，最终孤零零一个人，这是肯定的，因为重新和遗忘的坐标建立了联系。伴侣有时会变成敌人，一般是短促的，当人们还陷于短暂的夫妻吵闹中。过了就好像什么也没有发生，这是日常吵闹的一贯模式。但不断的重复，情感碰撞的加剧，危机中口不择言的话都会带来各种形式的延伸，除了负面的情绪，还有新的方式和维度。所有一切都渐渐地以同样的形式沉淀结晶，吵闹展示了很多其他事物。

骨肉至亲

吵闹经常由小事引起，也是各种夫妻关系里竞争关系冲突的结果。1 + 1 = 4。4个……甚至8个，16个，32个！因为爱人们除了在漫长的日子里结识的人,还有陌生人也介入了他们的生活。同事、朋友和一大堆叔叔、婶婶、兄弟、弟媳、配偶家的表亲和爷爷奶奶。"尽管列举了这么多,还是不知道能否让这一大家子人满意。"伊莎贝拉说。当然也要说这一大家子人也不能让我们时时都满意。艾伦在客厅的小桌上被妻子家人的照片完全侵占了[1]。当然他也在另外一张桌子上标记了他的存在,摆上了他的盆景。"瞧,这是我的,我喜欢有设计感的东西,一些中国式样的,也很喜欢日本艺术。"他也许也非常愿意让贝儿特丽丝(Béatrice)展现她自己的品位,就好像在大书架上一样,是他们共同的,所有人的。可惜,就似小小摆放神像的祭台,这和个人的品位无关,只是一种炫耀,在他邪恶的眼里,缺乏美感,让全家人都不舒服,本就不应该放在那里。"有人来的时候,就这么堆着!"艾伦说。因为贝儿特丽丝还为她家人的贵族出身沾沾自喜,还有和艾伦比较要压倒他的趋势,非常使人恼怒。"事实上,我可出身高贵。"她没有意识到她把家人当成了一种武器,"我喜欢这样。我还想摆更多的照片,我祖父母年轻的照片,整面墙都要摆上。"贝儿特丽丝说。她还想有一张更大的展示桌,铺上镶边的桌布,就像条裙子。因为她妈妈也喜欢这样。

最主要的风险当然都来自于夫妻身边和活跃并能影响他们的人:公婆(岳父母)。"总是重复婆婆们那些没完没了的

---

[1] 例证由莫妮卡·艾拉伯(Monique Eleb)收集和引用,《一屋两人:夫妻同居并聊聊房子》,巴黎:马提尼亚出版社2002年版。

话题有意义吗？她们无论什么情况里都是让人恼火，有侵略性，好为人师，是气氛的破坏者，挑剔和让人难以忍受。"伊莎贝拉说。伊莎贝拉有些夸张，一般婆婆可不是这样的。克洛蒂尔德·勒马尚（Clotilde Lemarchant）[1]还在他的著作里展现了在儿媳和婆婆间可能实现的共谋，有时也包括那些家庭出身迥异的婆媳。四分之三的婆媳关系一般都是中性或者良好的。剩下的四分之一则相反（包括伊莎贝拉），关系恶劣。对于这种潜在吵闹的来源最重要的是夫妻间的沟通。现代的社会，亲属关系变得越来越有选择性，很少出现夫妻俩正好处于两个人家庭的中间位置的情况，夫妻俩或多或少被一方的家长所吸引。这种亲疏的选择会通过日常交流，寻求夫妻一致的家庭调试过程中展现出来，也与所有私人生活的领域有关：审美观、讲话或者维护关系的方式、口味偏好、装潢风格等。这就是次序和整洁的各种形态。我们回想一下，以阿涅斯和吉恩为例，阿涅斯慌慌张张熨烫衣服，结果扣子掉了。阿涅斯就会按规则发起进攻："我妈妈从来不会容忍房间这么乱，要是在她家，早夺门而出了，你看看！"这话一石三鸟：她首先让可怜的吉恩脱罪，因为他可怕的家庭遗传完全没能帮他；其次，再在家里确认了他们家里的统治理论；最后使夫妻两人和她的家人实现了更密切的联系。吉恩先是用同样的方式进行了回击："阿涅斯，这也太……这习惯其实是她妈妈的，她保留

---

[1]勒马尚（Lemarchant）：《儿媳：在公公婆婆间保持良好距离》，雷恩：雷恩大学出版社1999年版。

了这种怪癖，哼！她妈妈可是会强迫的。"他接着用一种意想不到的方式，令人惊讶地反转了形势。"我可能不能跟一个完全不讲纪律、不能把家管好的人生活在一起。"吉恩现在可是腹背受敌。他私下认为阿涅斯对于家务的要求过分和不可接受，她提出的批评夸耀了她父母家的东西摆放方式，但在更具体和操作的层面，他还是希望能处于一个辅助的角色：房子好好的，衬衣熨好，扣子钉好。不管怎么想，他还是站在他妻子一边的（尽管衬衣这件事情上有些不完美），并试图去缓和对他本源文化的批判。夫妻的统一和谐是以亲近阿涅斯家人和疏远吉恩家里人为代价的，这种和谐只浮于表面。如果有一点点的危机，这种联盟体系就会发生变动，在吵闹激烈的时候，他会把他充满各种优点的奶奶搬出来，说她纽扣钉得多么好。

《妈妈的小宝贝》

伴侣关系的建立是循序渐进的，共同生活体系随着恋人们逐渐脱离原生家庭联系而形成。保持与家人的联系给人以一种安全感，并且也是对不太确定的承诺的控制。当这种抗争对于他或者她来说已到了无法忍受的地步时，那与父母的关系就成了障碍和直接的竞争者。尤其对于男士来说（再次出现儿童的状态），可能比起妻子，更喜欢妈妈。佩内洛普（Pénélope）被超越了。都31岁了，她的丈夫（比她大三岁）还让他妈妈叫他"我的宝贝"，让人无言以对。"我老公是独生子，那就是妈妈的宝贝了，我们上次去他妈妈那里就这么叫他的。我婆婆和她儿子讲话的时候好像我是透明的，我懒得理她。'如果我宝贝儿子想喝酒，我就给他订，他要想去旅行，我呢？他一个人去旅行吗？'"不单是这种难以忍受的家庭亲昵，还有变本加厉的婆媳斗争。"看到我变胖了，她和我说：'你要注意，因为你家有遗传。'因为我妈妈可说是个大胖子。但我觉得很迷人！！下次我要回答她我的遗传一点不比她的差。婆婆总是贬低我，幸好公公还能维护我。说老实话，我真不知道有什么好方法可以面对这样什么都管的婆婆（她就是这样的）。这种婆婆每次来都热情地打招呼，也和我怄气（现在我玩一种叫'周末怄气'的游戏，只要去她家就不可避免要怄气，好像我该这样）。就好像在我们筹备婚礼时开的玩笑，她不停地和我未来的老公说：'你知道你还可以随时改变主意的……'我受不了，看着婆婆和我老公说，我也一样能随时改变主意的。她给我脸色看，因为她觉得只是个玩笑。太奇怪了，同样的笑话竟然没有让她哈哈大笑……都是这样的……她很奇怪，有时很和善，有时又是那么伤人。有次她送我香水，我很感谢她，因为的确让我感动，我觉得她太善良了，她和我说：'你要知道，你和那个谁……'"

佩内洛普开始准备她复仇的计划了，尤其要试图迫使她的丈夫站到反对母亲过分侵入和骚扰他老婆的阵营里来。在夫妻亲密的关系里，"要个孩子"意味着认同。"我担心这些会伤害我们。我老公很善良，他说他爱我，想和我生个宝宝，他的妈妈就总是无中生有。"好吧，只要上述的妈妈还在，他就装作是透明的，让他妻子单独面对怪兽。"我总是被迫把事情跟我老公挑明，要求他来管管，不要让他妈妈总把我当成个傻瓜。"吵闹就一发不可收拾。这说明决定未来的夫妻融合还没有结束。婆婆和儿媳公开对立，在这一点上脱离单纯的吵闹的定义，说明佩内洛普很简单地就是恨她婆婆。这些例子非常有趣，展现出由于自己家里人而产生的裂隙在夫妻生活中也产生了回音。佩内洛普讨厌她的婆婆，但喜欢她的丈夫。可惜，"小宝贝"还没有决定斩断绳索，他的不作为开始深深地惹恼了佩内洛普。两个人不好好谈谈问题是没法解决的。

第三部分

小复仇和爱的策略

第六章 沟通困难

以眼还眼，以牙还牙

突发的不满带来难以遏制的欲望，或者当场打一架，或者大吼来发泄一些不好的情绪。"不能因为忍气吞声把自己也压垮了。"伊莎贝拉说，尤其是某些人像萝丝一样反应的话，"我的报警系统特别有效，只要有一个信号通过，然后所有红灯就会亮起。我不希望事情越来越糟糕，最好当场解决，否则我一触即发。我是个感性的人，可没那么理智。"可梅洛迪就不是这种人，我们可以看看她创造的一些精明的爱的策略。对于惹毛她的人她毫不妥协，尤其是那个"他"不能像她梦想的那样在饭桌上中规中矩。"让我忍受那些我打心底里讨厌的事情，没门！所以任何时候我都不会委屈自己，只是要看我内心斗争到底有多激烈（越是恶劣我越不能忍受）。我老公是让我厌恶的因由，所以他要首先让步。我们的关系到底能否雨过天晴，那得看裂痕有多大，以及他是否足够努力来重新获得我的心和弥补裂隙了。"唉，他可不会这样，还要抵抗到底。"总把做自己的权利摆在前面，行事随随便便，还要尝试些小手段。"最经常是假装没听见，逃避问题，偷换概念转换话题，他要等事情自然过去。我要精神好的话，可不会那么容易认栽，我会不断提示他。如果沉默继续，我就会进入冷战，也选择沉默，绝不大吵大闹。我老公可不喜欢这种纯粹出于礼貌的共处。这时，他要么极不老实地辩解：'对不起，我忘了，你觉得好点了吗？这怎么可能呢？'要么反击：'你呢？'因为矛盾已公开和激化，他可要自食其果了。这时他经常试图排遣我的恼怒（说些恭维话或者俏皮话），当然问题还没有彻底解决，但足以抵消那些负面的因素。孩子们如果在场看见这场景，就会兴致勃勃地等着看谁会取胜。如果气氛愉快，他们就一直纠缠不清地嘲笑他们的爸爸。反之，他们无声无息。"如果梅洛迪决定提高音调，让愤怒带着自己去战胜伴侣的顽强抵抗，试图获得结果，孩子们就一直静悄悄的。"积累到一定程度就要爆发，不管如何我是由它去的。我需要极大的精力和确信来证明和获得我所想要改善的情况（他表现出的那些不老实很快就能惹恼我）。我越是让愤怒充分地宣泄，大家的举止就能更有效得以改正。"

但也不是总这么肯定的：有时候愤怒好像是美妙的解决之道，但基本上不起什么作用。首先，情绪的飙升不能明确任何理据，也很难表达解决问题的关键之处。"情况越糟糕，人就会越不直率。"玛丽(Marie)说[1]。愤怒也会让人说出一些你意想不到的事。"房间的门并不是所有的出口,在墙壁上总有些洞。人们在不假思索时说出最糟糕的话,到头来也是自作自受。"米妮(Minie)说。然后愤怒会产生更多的愤怒,让清晰的想法淹没在爆裂情绪的混沌中。它也会让本已脆弱的所有人堕入残酷侵袭的世界。"他威胁说要打我(当然他从来没有干过),和我同一天离家出走。声量越高,所说的话越是让人难以忘记。"卡丝奥佩发狂地回击,"我爆发了,我打他,我尖叫,我威胁要从窗户跳下去,我也在想还要忍多少年啊!我实在忍不住要发狂。"尖叫帮不了人去清晰表达自己,更难让其他人理解自己。亚尼斯充分理解这一点。当他从她的眼睛看到警告"不要惹我"时,他会好好准备说出到底是什么惹恼了自己,避免发怒。当对方有所平复时,他才会短暂地提高音调。拉米亚也同样避免过于激烈的争论,"因为最终总是陷入争吵",也没任何具体的结果。夫妻间的打闹来自无法言表的深层原因,有一些自己也没有意识到的冲突。想象一下,在盛怒淹没了理据时,怎么还能清楚地阐述自己的想法呢?情感的爆发当然也有其好处。它使那些被激怒的人解脱了,使那些难以说出口的话说了出来,也能帮助后续的沟通。但是它对产生争吵的真正原因,很难有实际和长期

---

[1] 例证由赛琳·布逖收集和引用,参见《这是我家,他们家,我们家……同时哪里也不是:大学宿舍同居人类学研究》,布鲁塞尔自由大学,2005年,第80页。

的效果。下面梅洛迪的例子可说是绝无仅有。她如此强烈的反应，使她没来得及被惹怒，她胜利了。对具体的一件事来说，这胜利也是微不足道的，"他"肯定也已后悔为什么干这事。梅洛迪的打算和家里其他人完全不同："他一定会让我吃惊地品尝到我发飙的恶果，因为他还在那里，就在我的盘子里，举着利爪。没有任何争闹，应对得当，但毫无疑问，如果他想挑事他就会自己来挑的。最终结果也会那么'美味'，我会毫无保留地爆发，他不得不道歉。平静和正常的关系马上就会恢复。"这是个得不偿失的胜利。他还会继续这动听的话语和圣人般的做派，好像这些已弥补了在饭桌上的所有失败。

冷与热

不管不满的动机如何，之后都会引发对自己的不满，使个人分裂并带来一连串的失调：相对我的动机，我的反应是不是不成比例？我是要回归理智还是继续呢？是追求理想的状态还是满足于现状呢？为什么尽管口头上说得好听，对方实际上没有多少改变？千百个问题不停缠绕，没有答案。需要把这些都讲出来。发泄的吼叫没法把事情说得更清楚。那好，另一种策略是夫妻寻求冷静地把事情解释清楚。埃琳娜在这方面进行了很长时间实践。在总结了热处理方法后，结论是这是无效的。"我在冲突中反应比较激烈，在这时候我很难退一步想想。我于是趁热打铁，在无效和激烈的交流中，把所有问题进行比较和分组，提出疑问。"埃琳娜相反地定义了一种被很好控制的方法。"我试着不要在气头上讨论问题,这只能带来激烈和无用的吵闹。接着我试着以杰克能明白的方式讲述问题,再开始讨论,使我也能了解他的观点。不过我也不能说这每次都管用!此外他还经常批评我把话题带到'一个充分准备'的地方,提前研究和基本解决的话题……剩下的就是我们能够经常达成妥协或者共同找到问题的解决方法。"可惜的是,这种理性的讨论很少能真正在不满这个特殊领域产生作用,因为两方很难互相解释清楚,降温不可阻止每个人(特别是挑起不满的人)龟缩到自己的硬壳之中,而且左耳朵进右耳朵出。"相反,要注意那些不太显著的表达,这些才是更加危险的。作为一个文明人,我们会直接和对方说有哪些态度、习惯和做事的方式让我有些讨厌——是不是这样?亲爱的,请不要把你的手机放在漆器的家具上面,会划花的。谢谢,我的甜心。"可甜心左耳朵进右耳朵出,他错了,有四分之一的情况是他将看见手机轻柔但坚定地掉到马桶里,因为这是第两千多次和他说这些了,他实实在在没放在心上。"不要过于自信,耐心不是一口无底的井,有一天当受到严重的伤害,看不到未来时,耐心也会被耗尽的。"伊莎贝拉说。

埃琳娜得益于她的冷处理方法,她获得了一些成果(在他们开始家庭生活的初期就已建立),因为他们对讨论持特别开放的态度。我们再仔细观察一下,发现这个方法只在单方向上起作用。杰克不善于组织(或者不那么专制),每次都让意想不到的事情发生,没有时间组织一场反击。这也让他有些不满,尽管他还算温和,也要利用一些危机来表达自己。"杰克更加冷静些，能不绝对化很多事情，他只有在我爆发的时候才会讲讲他自己的不满。对于一个家庭来说，他等待我反应的时刻才表达自己的观点，指出我也深深让他不满。于是我冷静下来，开始建设性的交流。"埃琳娜总是急于反应，接着又控制自己冷静下来，使她能明确表达自己的诉求，然而杰克更加冷静（或者说更放松），稍稍把火挑起一点来释放自己想说的话。他巧妙地操控了冷与热，每个人都有自己的行为方式，但最终达到或多或少的一致。埃琳娜总结最经常的模式如下："我爆发，杰克爆发，我们冷静下来，然后讨论。"她是承受不满的人，所以最开始的情绪由她挑起，然后是在撞击效应下轮到杰克爆发。然后埃琳娜马上就冷静下来，进行商讨。"当然每个人都会首先坚持自己的观点，但目的是找到解决方法，也会做些让步达成满意的方案。可完美的解决方法不总是有的：有时是这个人或那个人有些焦虑，或者解决方法不那么令两人满意，这都取决于不满和危机的程度。如果事情不那么严重，我们很快就能取得成果，如果涉及重大的问题，也许需要好几天和多次讨论，我们才能找到方法。"即使在这种极为开放的情况下，仅一次冷静的讨论也是起不了作用的，这需要情绪的牵引。可情绪是不能控制的，并不总能达到想要的结果。"我反应是很迅速的，即使是一个我们都不喜欢的讨论也会很激烈，可能是充满伤人言语的直接爆发，也可能对无害的权利不那么友好。"谈论不满总像在火山边舞蹈。

肢体语言

这就是为什么间接的沟通技巧非常受青睐,使得能说出(一点点)但又不是那么直接。特别是那种通过极好控制的简洁而又是爆炸性的言语来宣泄情感的技巧[1]。虽然话语的内容有时很激烈,但它的两种特性转移了对方的注意力,减轻了激烈程度。第一个是讲话的对象经常是不确定的,这些简短的言语有时是对自己说的(有疗伤的功能),有时也是指向了犯错的人,或者更次要的是讲给所有人听的(但其他人不会注意到)。夫妻的另一方可能会有反应,也可能没有,听进去了或者没有,或者听进去一半做出部分的反应。第二个更显著的特点是,批评的言语很简短,说的时间短,刚刚说出来就被忘记了,讲话的人往往会拒绝做出进一步的解释(当他成心想这么干时)。对方于是没有时间对不期而遇的小小冒犯决定自己的下一步动作,当然有时这也不会让他太难堪。什么都没改变,一切都迅速恢复正常。如果他真的想听到一些内容的话,也许在引发不满的人心中会留下隐秘的痕迹。

这种口头言语的操控在两方都需要一定的经验。即使所有词句都说出口也会在任何时刻引发更大规模的冲突,包括以难以听见的声音含糊不清地说。马克每次倒垃圾都会嘟嘟囔囔,因为被强迫干这个苦活让他极为不满。可玛丽-艾尼斯不

---

[1] 霍夫曼:《夫妻关系:脏衣服中得来的夫妻关系分析》,巴黎:纳唐出版社1992年版。

能支持这样的抱怨，这让她也不满（因为马克在家里也没干什么其他事）。耳朵时刻警觉着，她的反应毫不含糊。很多这样的人喜欢更极端地把那些没讲出来的话倾诉出来，但避免那些口头上过于简短的字句，而是通过模仿、态度和肢体语言。我们在下面还会看到赌气这种消极的展示，暂时拒绝表达的秘密，这里我们揭示一些更为显著的表现：身体语言和目的。这种交流方式悖论就是其本身，对于主角们来说，这样做危险性比较低，但实际上有很多不明晰和模棱两可的地方，其作用可能与想达到的目的相反（缓冲器）。以亚尼斯为例，他对女朋友"把浴球扔到浴缸的边上"很不满，他已经说过好几千遍了，并不总是心平气和的。但他的女友是怎么回应他的愤怒的呢？她嘲笑他！于是亚尼斯的愤怒又升级了，他女友最后更直接地表示："这不是最紧急要做的，我不会因此而死的！"回答需要非常有节制，但由于吐舌头导致情况的升级，而本来动作的内涵毫无疑问是非常不具攻击性的（最多是温和的嘲笑），而亚尼斯没有想到。对身体语言的解读因为（不满和引发不满的人）身处的立场不同会有很大的分别。不满的人通常认为不把批评说出来就没有力量。他非常惹人不满的动作会被视作更加激烈的挑衅。奥洛尔（Aurore）因为桑尼亚（Sonia）留在浴室里的头发堵住了下水孔很不满[1]。她什么

---

[1] 事例由赛琳·布遐收集和引述，《这是我家，他们家，我们家……同时哪里也不是：大学宿舍同居人类学研究》，布鲁塞尔自由大学，2005年，第82页。

也没说，只是把头发弄到边上堆成一堆，她认为自己没有说出来的本意是很清楚的。可惜桑尼亚一点都没有觉得因为一堆头发应该受到责备。"我觉得这很愚蠢，我认为一个人开始了就要把事情做到底。"就是说需要把头发扔到垃圾桶。当可怜的奥洛尔回到浴室他就会再次发现这堆头发，接着百倍不满！

佩德罗在独自吃过早饭后，没有按照菲德丽娅给全家人定下的把碗放到洗碗机的规矩，把碗放到了洗碗槽里。"我有九成的把握他是故意这么干的。"她觉得佩德罗听到了她的话，"大体上，没有摆放好的碗意味着'我不会干我这部分的家务的，这是我老婆该干的'。"这是最让菲德丽娅不满的，她还猜佩德罗强调这样的行为就是为了让她更不满意。"我生气了，因为我觉得我变成了家里的法蒂玛圣女，每个人都在工作，我知道佩德罗这么做就是让我不满，而且能起作用。"这些最开始看来好像无足轻重的举动，最后慢慢结晶成为含义宽泛的可观信息。有时候"当气氛平静就会是些小笑话，气氛紧张时就是冲突了，即使孩子也知道这些"。仪式是永恒的，但解读是矛盾和变化的。通过肢体和物品进行沟通，虽然对于发起者是简单明白的，但通常还是很难解读的（产生了新的不满，可不能消减旧的不满），而且在某些情况下也实在过于隐晦。卡洛琳很不满，因为马克乱扔的衣服，他又习惯把衣服摊开，不管是干净还是脏的都丢到走道上。卡洛琳进行了报复以重建平衡，因为她觉得这够激烈了。"我把干净的衣服也收到放脏衣服的洗衣篮里了。"马克再也找不到自己的干净衣物了，无论如何他都要穿新衣服。于是卡洛琳要面对的是难以想象的要洗的一大堆衣服。她用来处理不满的路径远远偏离了纯粹理性的道路。

笑的运用

肢体语言就像短句，是有局限的，它们只能起次要的作用，功用与其说是夫妻间相互交流用的，不如说起个人治疗的作用。言语缓和以及转义的形式则更加有效，尤其是专家所说的"语义双关"，就是说可能有两种不同的解读。短句已很接近这种类别，讲话的人本来在说一件事，但接着所隐含的会引申出两种含义。夫妻所能使用的方法是很多种多样的，我已经说过正式的对对方家庭的委婉批评其实所针对的是夫妻的另一方。如果对方觉得被针对了，指责的人就能马上开倒车，向他的神明发誓其实他只是针对对方的家庭。这种策略决定性的优势是能提供语义双关的表达，通行的形式是隐晦和暗示的攻击。就好像肢体语言，本来想说的其实没有说出来，这也有不同的等级，能一步步揭示更明晰的内容。

还有一种技术超出了所有人的想象，那就是运用笑、幽默和嘲弄。"这实际是唯一一种能把事情讲出来，但又不触犯和引起第三次世界大战的方法。但要实现这一点，并不总那么容易。"马库斯说。事实上在不满的中心，当两个人被不良情绪所裹挟时是极难引入幽默的。它的运用更适合小的不满（幽默的使用能化解那些更严重的不满），或者错开不满，在适合的时机使用。"当她大包小包回家时，我可笑不起来，我很沮丧，就要爆发，我没法笑。可在其他时刻，比如度假期间，喝小酒时，我们随兴出游时，我会开开玩笑，那场景能让我们都笑起来。比如我会提到她的第一百条裙子，在壁橱里都找不到地方放，也从来没有穿过。（她大笑！！）即使是我用好像气恼和沮丧的样子说出来的'看，还不坏嘛'，也能让我们都大笑。我觉得这太超现实主义了。"马库斯说。超现实主义这个词太贴切了，因为这些场景堆叠在现实之上，好像另外一个非现实的世界，同样的事件、姿态和演员。这里幽默不仅满足于产生语义双关，还把存在分为两半，展现了夫妻关系的另一种状态。尽管有些不满的原因已经固定在发泄的结晶过程中，这种夫妻间自嘲的技术则依附在某些日常生活的事件上，并逐渐转化为习惯。此外，孩子还经常对这种场景的发生有所促进，家庭也在游戏中与不满拉开距离（不满则使气氛紧张）。除了孩子，还有其他更宽泛的人群参与其中。玛蒂娜（Martine）和老公经常会吵闹。"我们的朋友可开心了，他们参与其中时都非常兴奋。如果大家都喝了几杯，那就有点乱了，他们就跟不上节奏了。"

这种技巧有很多好处，能使参与者开口但又不太多说到使他们生气的话题，可以学会靠近旋涡而不致掉落其中，也能练习自我控制的技巧，与恼怒的来源保持距离。马库斯开始讲述他通过笑来批评他老婆的故事（因为他不能直接和严肃地批评）。但在叙述中他又回头自嘲，有点嘲弄那个说"看，还不坏嘛"的自己。在这个有些虚幻的笑的世界里，他们建立了夫妻的整体，警惕着不满，这个整体还能重复利用，如果他们在某个记忆的角落还保留着它。

可惜笑只能持续一段时间,而当主角们被激怒时就不再想记起这些和平的武器,他们立刻就会投入战斗。还有可惜的是,笑也不只有一种属性,尽管一般来说笑是惬意和有好处的,但有时候也会情况反转造成相反的效果,激发不满而不是消除不满。因此使用时要非常小心。看看佩德罗,菲德丽娅就有九成把握他把碗放在水槽是故意的。还有一个让她不满的是,佩德罗陷入一个语法的错误不能自拔,混淆将来时态和虚拟时态,"他知道的,这样破坏语言的韵律感让我非常不适"。因为佩德罗还故意这么干,这样菲德丽娅就完全肯定他是故意把碗放在水槽了。他因此转向自嘲,可菲德丽娅会因为这些笑话更加不满。错误在这个难以掌握的领域是惯有的,佩德罗在最开始很有道理地把对自己的嘲笑转化为夫妻间的调笑。可情况继续的话,他所运用的笑就没有原来的意义了,与其是为了和平不如说是为了争斗。笑在不经意间滑过两个人。艾丝特尔(Estelle)和朱利安(Julien)在夫妻关系里就确定了一种角色互补的游戏:艾丝特尔是放松的支持者,有时还会忘记关门;朱利安则是防范风险的看门人。艾丝特尔习惯亲切地转移注意力到自嘲上,这也是她角色工作的一部分。朱利安接受这些也是有限度的,他可能只笑到一半,而她却已经开怀大笑了。直到他们的房子被盗,艾丝特尔还继续嘲笑朱利安偏执的谨慎,此后他就拒绝笑了。

当引发不满的人还要更加激发不满时,笑就坚决地站到了争斗这一边。在那些不太严重的情况下,笑被掩饰在夫妻自嘲的表象之后，他们还遗憾为什么伴侣没能分享这种自嘲呢（有或多或少的诚意）。可除去了矜持和诡计，笑就只能是为了激发不满了。就像小小的报复，通常装点着所有优点的笑也是很难对付的。爱丽丝喜欢准时去坐火车，陪着她的阿齐兹却总是最后一秒钟才到，不仅仅是因为他故意拖延时间，而且他嘲笑爱丽丝害怕误掉火车，并模仿她的言语和动作。这个幽默可不好受。吉恩对于因为衬衣没有熨、纽扣没有缝好很不满，阿涅斯则放声大笑。接着吉恩就发怒了，可阿涅斯笑得更厉害了。虽然他们在家里已经有了熨斗，她还在笑。没有什么比这种笑对吉恩来说更残酷和令人不满了，这种笑如此难以捉摸，难以理解和随意。笑还经常隐藏着很多秘密。

引发不满的人怎么想的

引发不满的人（尤其是男性），有一个很喜欢使用以消除反击的武器，就是转移注意力的玩笑，使用强度介于夫妻间的调笑（自嘲）和攻击性的嘲笑。这种方法接近于不满的人所使用的短句，但使用的环境非常不同（幽默取代了恼怒）。因为在这两种情况下消除不满的原理就是产生分离，并在以后的时间里带入不同的内容。短句表示了批评，会马上忘掉，接着回到正常的夫妻关系。幽默的自嘲以另一种方式实现同样的目标（将事情告一段落）。最大的区别在于运用此策略的人情绪不会太激动，他会忽视尝试是否能取得好的结果。他会在不经意间试一试，也会经常低声悄悄说出他的笑话，犹豫着要不要说出来，害怕他的幽默被解读为一种攻击。通过突出幽默性，他测试对手是否能决定性地让事情就此告一段落。

不管是否运用幽默，造成不满的人有时因为品位，尤其是因他在家中所占据的地位，立刻成为自嘲和闪躲的大师。他造成不满，他能感觉到，他心里知道（但从来不能想象到何种程度）。他激起不满，可不太知道是为了什么，尤其是不能理解这些原因。私下他一直都深刻地不同意不满的动机，在压力之下他试图改变自己的行为，讨好对方和表示和平的意愿，他做得绝对不会完美。对于日常的事实和活动，人们心中的记忆经常比理智更有力量。在对方的喊叫和内部的真相之间，引发不满的人能发现明显的偏差，瞬间的直觉告诉他危机可能不会有具体的解决方法，于是，不是完全没道理地，他认为最简单的方法无疑就是假装什么也没有听见。如果不能假装的话，那就让步做些（骗人的）承诺或者试试自嘲，有时候能赌赢。"最经常的是他试着自嘲（恭维话、俏皮话）来消除我的不满，当然解决不了问题，但能抵消一些负面作用。"梅洛迪说。如果沉默、躲闪、自嘲和幽默都不起作用，或者谎言重复千遍，那就是失败，会比原来的动机更让人不满。"当我批评他的时候，他不会自卫，他逐字逐句地说：'是的，你有道理。哈哈哈……'我受不了这句话了！我真希望时不时做些错事。"维拉格说。

在大多数时候引发不满的人都是身不由己，（或多或少）都会真诚地对导致如此多不满而感到歉意。可时间长了不满（如果他认为没有什么道理）也会让他难受。我们可以看到嘴边滑过的微笑有时无形间变成了更加矛盾的态度，引发不满的人会强加给对方他个人的节奏的行为方式。夫妻间的角色游戏就会变得具有爆炸性，两人间功能的互补演变为如此多的冲突。尤其是当引发不满的人承认他是故意的，而且完全不是出于要平息恼怒的目的。我们回到爱丽丝和阿齐兹的例子。"我讨厌迟到，我更喜欢提前到，而他则慢悠悠，和他在一起好像我们总是有很多时间，不需要紧张和快速度，于是我们赶火车的时候肯定节奏不一样。他很清楚快到车站的时候我很紧张，他还故意放慢速度，和我说'我想我们要迟到了'。好的，他总是想让我更生气，他喜欢这样把我推向尽头。因为我必须说，我是一个很好下手的猎物，我不会这样挑衅，我自己会跑起来。他和我都意识到我除了落入陷阱什么都做不了。最糟糕的是我们从来没有晚点过，当然我从来没有时间给自己买本杂志或者吃的东西，每次位子都不是太好，但对于他来说最重要的是我们能赶上火车。我这些小小的忧虑和要求是'庸俗'和'肤浅'的，所以就没有那么重要。当我们还在路上没有坐到火车里时，我就会抓狂，而他一直开着我的玩笑，因为他觉得我这样毫无道理。一旦在火车上坐下，我就放松了，对他说我忍受不了他，有多少次我都想把他杀掉，他就是个小孩（我要明确的是这样的注解对他来说是种恭维）。可他是那么可爱，他很会哄我开心（他一点都不费力），我一下就忘记了发生的一切。每次我都对自己说下次我们要分开走，在火车上见，可我永远也做不到。"阿齐兹所建议的夫妻间的自嘲（明显倾向于阿齐兹），爱丽丝多少有些接受。他选择了自己的选项（而不是寻求妥协的解决方法），可他并不坏，并不是想攻击或者报复。阿齐兹喜欢游戏，于是他的方法也是趣味盎然。"对他而言就是游戏，我是理想的猎物，因为我马上就会上钩，我没办法认清形势，也不知道他想我走还是停，我的反应对他而言也不讨厌，我不会发火也不会一直生气，我不会装腔作势。因此他利用这些，尤其是他习惯亲切地骚扰别人，他就喜欢这么干。"有另外一个事件证明了习惯已经确立，那就是爱丽丝也不肯定自己是对是错。夫妻间原来的失调会变为内部的冲突，尤其在对不满的反应上。"我觉得阿齐兹的这些动作不值得我真的生气，我最终还要问自己相对这些事件，我是不是对自己的反应更不满……我对自己落入陷阱，面对这些事情不能保持放松的心态生气，在整个故事中这是让我最不满的。"面对爱丽丝的犹豫和对自己的不满，阿齐兹为自己继续取乐开辟了一条康庄大道。如果偶然（当然我完全不希望他们这样）他们的关系不那么好了，他可有一件威力巨大的武器来伤害大家。

因为引发不满的人在接受其行为的同时不会仅满足于温柔地对待他的猎物，他会放任自己做出各种恶劣和残忍的失控行为，这使得以报复自己的不满和夫妻间的不满足，甚至他在社会上所遭受的一切。当他开始享受他造成的痛苦时，即使是微不足道的细节，界限就被打破了。伊莎贝拉揭穿了粗鲁的人，她也知道对方了解这一点。"这是他最喜欢的游戏：惹人发怒，把对方赶到自己的堑壕中。"她陷入"黑色"的暴怒中，最终要承受尖叫的后果。"他承认他有些残忍，当他感觉到弱点暴露，伤口在发痒，他就会发狂。"克莱曼婷也同样要揭开菲利克斯的真面目了，"他不是个太好的演员，当他夸张的时候我立刻就能发现。"说的是当他为了简单的恶趣味故意引起不满的时候。在到了无法沟通和敌视的地步时，大家会运用各种阴险的招式，在平静的河面之下，在心理最隐秘的深处，躁动着小小的报复。

秘密地报复

夫妻在一起生活并不是宣战。冲突只是特例或者只在极端的情况才会发生。如果我有时运用军事术语或者把伴侣称为对手，这个词汇一般与零星的情况相关，马上就被忘记了。因为夫妻日常生活的主导是和平地寻求统一，甚至是合谋。虽然这种协议是真诚和实在的，可并不能阻止双方对于细小的不满和暂时不悦的数量有或多或少清晰的认识，没有比这个更正常的了。有些人基本或者完全没有体验到这些，也许他们在爱的惯性中超越了现实，更确定的是，他们压抑了产生失调的因素。事实上最根本的原因是夫妻的组成是建立在无穷的差异之上，并因为组织的活性而倾向强调这些差异（角色互补）。失调是无法避免的，只有处理它们的方式是变化的。我们看到情绪爆发很少能帮助找到解决方法，我们还能看到计划好的谈话的尝试和其局限；还有肢体语言和它的模棱两可；我们还观察到笑有时是有益的，但也能变成攻击的工具。这些沟通的尝试都是间接和转弯抹角的。这里来看看更明确和个性的方法，其中对不满足的控制（这一点很接近不满）我已在上一本书研究过[1]。我还在书里提到"秘密背叛"的方法，引述了阿尔伯特·赫希曼（Albert Hirschman）论文的内容[2]。这种方法把人们面对冲突时的态度，划分为以下三种：公开批评、保持忠诚和秘密背叛后悄悄潜逃。夫妻中不快、不满或者不满意的一方，要么把不愉快说出来（可能招致冲突），要么压抑与克服其不恰当的反应（可能之后再次被扰乱），要么就悄悄地进行补偿，以便重新建立自己心理上的平衡。这就是秘密背叛，它也分为两个等级。第一级，不满的那一方会记录下伴侣的不良之处，刻在脑海的暂存记忆中，根据其余事件的发展情况而灵活处理（这样做的好处是，有可能会快速地抹去这段暂存记忆，尤其当伴侣的其他表现让人满意的时候，正面的表现抵消了负面的，或者是负面的表现因为还没累积到一定程度，自行消失了）。但是，当那些让人厌烦的争执动机、不愉快的冲突以及对方的敌意攻击不断地重复和累积，这种消除暂存记忆的方法就行不通了。于是，秘密背叛到达了第二级，需要悄悄地寻求实际意义的补偿。生气的那一方会想采取某些自私的态度，更多地顾及自己的欲望和喜好，而不顾夫妻共同的感受。这一方会通过获取对方金钱、保持双方距离以及基本上不再为对方付出等途径，进行对自己的补偿。因为衡量夫妻双方的价值体现在很多形式上（金钱、工作、感情、言语、争

---

[1] 霍夫曼：《夫妻关系：脏衣服中得来的夫妻关系分析》，巴黎：纳唐出版社1992年版。

[2] 赫希曼：《面对机构和企业的衰退》，巴黎：工人出版社1972年版。

吵、亲密程度等），这都是很直观的，都是基于某个瞬间以及总体上的满意或者不满意。其实，通常只要一点努力就能修复气氛上的平衡，一件微不足道的事情或者物品就能恢复双方内心的平静，让不满的一方回到夫妻生活的正确道路上来。秘密背叛，包括第二等级，都不是夫妻关系间的一场宣战。

处理不满与不高兴的方式稍有不同。不高兴是更深入和重复的，无形中拉大了夫妻间的距离，如果最坏的情况发生的话就会分手。不满相反并不是关系疏远的机械指标，承认自己不满和就这点发表自己的见解还证明了夫妻交流的活跃，但其模式比起不高兴的反应，反而是突然和激烈的，因为不满很快就会表现为情绪的宣泄。由不高兴产生的小报复不可避免地堆积并持续很长时间。而不满的报复是如此冲动，有时太难保持它的秘密状态，更多采用的是压抑或者肢体语言。比如佐伊把查尔斯-亨利的袜子丢到他的碗里，或者萝丝在一个黑暗的夜里在查理的信箱塞满他随意丢弃的衣物（查理还能期待萝丝洗和熨他的衬衣吗）。此外，不满的人还在秘密报复和肢体语言中犹豫，同样的举动于是会有两种策略，从表达上看是对立的。帕特非常生气为什么阿奈丝不用60摄氏度的水温洗衣服。在最愤怒的那几天，他有时都不能控制自己的情绪，并盘算复仇的计划。他什么也不说，等到阿奈丝把衣物烘干、熨烫好和收拾好，他就偷偷把它们拿出来，弄皱再放回洗衣机。按照衣物数量的多少和采取的方法（揉得很皱，放到洗衣机深处，或者折几折公然放在洗衣机上），帕特更确切地说选择了小报复或者肢体语言，后者所具有的攻击性让他立刻感到满意，但也可能导致一系列危险和难受的冲突。阴险的报复虽然不能立刻让人释放，但更能平稳地恢复心情平衡。

  沉浸于绝对的秘密，小复仇变成了一个奇怪的工具。我们到现在看到的所有方法都让两个人对立起来，一时是拉开两个人的距离，一时是遵循夫妻间的承诺。可在交流中也会印刻着最可怕的攻击。假如一个人完全控制了流程，但不太清楚能拿这个干什么。秘密报复其结构上就有两难性，不满的人为了找回内心的平衡并回归正常的夫妻生活，用它来避免危机。换言之，过程看起来并不那么讨人喜欢，结果（达成一致和和平）证明了其手段。可惜，这些手段不是那么让人高兴，会在任何时刻变成目的本身。不满的人让自己高兴但不会过多考虑到行动的后果。一个人保守着秘密，而不受夫妻间规范（同样也有安全）的限制，因此偏离方向是很容易的。小复仇变成很容易的行动，不再帮助夫妻间的融合，而起到了相反的作用。它的确能通过操纵伴侣带来真实的欢愉[1]。回想一下伯纳德和杰拉尔丁之间关于剪刀和苹果的争执，调查让我们了解到这是一个有意识的举动，因为杰拉尔丁对于衣物的处理方式很不满，伯纳德采取了恶毒的报复。夫妻俩现在已离异。我们还可以回想一下阿涅斯奇怪的举动，尽管吉恩不满意，但还是在最后一分钟去熨衣服，这里的调研使我们知道这是回应深刻不满的报复。在阿涅斯和吉恩相遇的时候，因为吉恩要求的

---

[1]皮卡尔（Picard）、E. 马克（Marc E.）：《小冲突的处理》，巴黎：塞伊出版社2006年版。

爱，她放弃了自己的事业，她现在是家庭妇女，伴随着欢愉和不满，尤其是有个想法一直在梦里萦绕：另一个她本可拥有现在没有拥有的生活。她没有什么预先的设想，事情第一次就在偶然中发生了。她之后就立刻发现了这可笑的不满，以及这让她笑了起来。或多或少地，她意识到她设计了些条件让仪式周而复始。阿涅斯也坚持着她的小报复，使她能找回平衡。而在吉恩这里，谜一样的笑、衬衣和纽扣可没有这样安抚人的好处！如果他们没能找到解决方法，声调无疑会变高的（家庭专业熨衣女工）。

在秘密报复中经常出现的原则是需要在完全不同的地方采取行动（剪刀对衣服，神秘的笑对自我封闭的感觉），目的实际上不是为了回应（以眼还眼，以牙还牙）或者解决问题，而是为了内心的补偿。玛尔维纳用自嘲让自己平静，但在夫妻间和她秘密的想法里她不这么干，她在公众面前倾诉，用一种高大却滑稽的方式讲述家里的隐秘。对理查最坏的攻击都重新编排了背景，在手法上也做了加工以突显滑稽可笑。女朋友爆发出大笑，还每次都笑得更厉害更夸张（当然在损理查），还展示了更多私人的生活，她还想扩大她的听众。"当我不在家庭的框架内时，我就会更外向，这让我的同事很开心。因为在教员吸烟室里（这里都是些可爱的人），我就放松了，变得野起来，诗情画意地讲述我每天的奇遇。他们知道我有添油加醋，这也让他们大笑，我则摆脱了压力，让暴风雨过去，因为即使我运用了我讲过的策略，有时也难以克制自己。"由于不能在夫妻间表达自己，那她就在外面表达，这种方式对于理查来说如此外露和使人不快（他毫无疑问是配得上好好对待的），还没有表示出一丝后悔，等到惯性消失，她又不得不回到悲惨的家里。这样让玛尔维纳多少能接受她平淡的生活。在这个例子里，尽管在私密和公开讲述的内容间还有关联，但都是关于同样的事实。秘密报复还能发生在更加不同环境中，与不满的原始动机没有丝毫关联，非常传统的构架就是所谓的"性领域的自我破坏"，在海伦·卡普兰（Helen Kaplan）的著作中[1]已通过很多实例进行分析。各种的补偿需求使人们在伴侣的需求面前，面容变得不是那么可爱（各种推托、疲劳、自我形象破坏、反应干巴巴），尤其是当个人的身体需求没有被充分调动时。"他批评我没有好好拌沙拉，就好像是反人类罪一样，而且他总是忘掉倒垃圾，我不能和这样的人做爱。"娜塔莉（Nathalie）写道。男女对性需求是不一致的——男性一般来说更注重已建立的夫妻关系中的事情——女性对于这样的秘密报复更重视[2]。在床上的冷淡缓解了各种幻灭和遗憾。

不幸的丈夫经常会忽略各种原因，也同样会忽略他也能反驳。他仅满足于偷偷记下各种不高兴，甚至幻想也来个小小的补偿性报复。到了这种险恶的攻击—反攻击的阶段，通常最好夫妻间能坦诚相对，尽管要冒着吵架和面对危机的风险。因为秘密地报复在第一阶段是种温和的治疗，但当不断升级时就会

---

[1] 卡普兰（Kaplan）：《纷乱的性欲》，美国莱维敦：布鲁纳/马塞尔出版社1995年版。
[2] 博宗（Bozon）：《性的社会学》，巴黎：纳唐出版社2002年版。

引发灾难。伊莎贝拉回想起那些极端的情况,"我们都在找机会让对方不满"。莎拉害怕变得对彼特很凶,只是因为他让她不满。虽然坦诚相对不是件容易的事,但一般来说最好能达到这种状态。这必须以做出巨大的努力,虚怀若谷,以包容对方的世界为前提。例如亚尼斯在这方面还有很多路要走,直到理解不仅仅只有他才拥有真理。"我女朋友最让我不满的是,她在离开房间后不关灯也不关暖气,于是我冲她说:'哎,这里可不是凡尔赛宫!'或者'下个月的电费单,可不只是从你的腰包里掏。'她回我说:'你呢,你总是把袜子扔得到处都是!'我就愣住了,因为我说这和关灯没有一点关系,把袜子扔得到处都是也不会影响任何的账单。"

在这个章节的结尾,我要承认我所描绘的夫妻例子看上去是黑暗的,因为战争,尽管是小型的,也不是惯有的,更不是暴力的。因此需要从细节上研究这一点,来展示沟通在不满中是多么不容易。现在要走出这种黑暗,享受由建设性的态度带来的愉快场景。这可能来源于平凡和重复的夫妻社会化,他们都自愿依偎在一起,减少情绪波动。也可能来源于更愉悦的爱的片断。但同样存在其他更惊人的方法,更重视(在最好的情况下)秘密和个人的想法。在之后的部分会对此进行分析。爱有时是秘密建立的。

第七章 秘密爱情

微小的胜利

  当夫妻生活重归平静，幸好这是最通常的情况，夫妇俩就忘记了他们的不满。他们因而不会利用情绪冷却的最佳时机来思考、分析，找到有效的策略或者评价比较各种可能的方法。如果他们这么做了，他们一般就会发现吵架和危机只能产生很小的实际效果，这样没法避免他们再次被愤怒的不满所裹挟。"因为这让我放松。"菲德丽娅说。当伴侣把面包浸在调料中让梅洛迪感觉在"用拖把拖地"时，梅洛迪会越来越生气，她还毅然决定采用更具攻击性的言语。"我经常会注意到他这么干。在很长时间里我控制住自己，只是私下记住'他不会再犯的'。"可随着年纪的增长（外表的美感一般会恶化），我要更严厉些了，要求他节食减肥。于是当他使出他的小伎俩时，我现在会很大声地叫喊："哦，不，不要这样！"然后我会叹气："你能不能保持一点对我的吸引力呢？"他马上就照办（经过我们很长一段时间磨合），说："噢，对不起。"但我知道他立刻就会再犯，那些甜食依然会战胜他！相比较公开地进行对抗所造成的关系产生的代价，所获得的也许会显得如此微不足道（和暂时的）。如果不满的人能知道他伴侣的行为方式是如此顽固和难以改变，他就能了解所获得的比它所表现出来的实际上要重要些，如果他还能衡量对方所付出的努力，似乎这微不足道的胜利还能消减一些不满。于是很多不满的人基于在斗争中微小的得益，通过自我说服得以平静下来。"我用了好多年来提示我的生日和对鲜花的渴求。他现在终于能记得了，这让我很高兴，也许知道他在实现这样的目标时所遇到的困难会更加令我高兴。"其他的成果是，伊莎贝拉的蛋黄酱（没有牙膏的话）。"我正在把喜欢挤牙膏的人变成喜欢挤蛋黄酱，还能在第一次挤的时候发现蛋黄酱能舒舒服服地顺利地飙出来。对我个人来说，我是不在乎的，我讨厌蛋黄酱。这样他就不会去弄牙膏了，他现在更了解蛋黄酱。要适应这些。"

加利没有刻意追寻，但她正在获得微小的胜利。因为阿吉拉没有在家务上做任何努力，她很不满。但最近，当加利做蛋糕时，阿吉拉会在边上兴致勃勃地观察，还教孩子们，事实上他是因为对教授孩子这项工作感兴趣。但对加利来说这种态度的变化很有前途。"这是个好兆头。"总结多年斗争的内容，她必须承认，爆发没能带来任何实质的结果，她觉得在和一面墙战斗。于是她现在转向其他更和平和隐秘的策略。"对于我不满的管理，最简单的还是不要给予它们过多的重要性。因为我白白地激动和发火，什么也没实现。他有点糊涂，想修补一些事情，但没有对他的行为进行解释，也没有承诺他以后会更注意（至少他没有骗我）。我试图以幽默的态度对待事情并弱化后果（当然不知道怎么做酸醋沙拉很正常，因为我至少每周会给你两次菜谱）。他的反应没有那么激烈，让我同样能化解矛盾：一个人尖叫，像对着一堵墙，除了能排解过多的恼怒，没什么作用。于是我很快放弃了，有时我对自己说如果我总是烦他不做什么，他也许会改变。但花费了如此多的精力和时间，还是有很多建设性的事情要做。我怀疑自己变成了个泼妇，于是我试图不要再这么反应。"她试图寻求自我控制和缓和，利用幽默和阿吉拉的平静，对自己的愤怒进行自我批评。或者说服自己他并不是故意为之。"他的漫不经心要是违逆了我的意思，那他就要承担后果。今天早上他非常生气，因为把橙汁而不是牛奶倒到早餐里。我要承认在这种情况下他是自己给自己找麻烦，他从来不会批评我把东西倒错了或者放错了。"

这些由加利揭示的策略有一个共通点，这将把以下再看见的情况联系起来：她们放弃和对手对抗，而让他们自我烦恼，或者至少让他们自己处理那个明显被愤怒包围的、封闭在小小自私世界里的自我。我们需要和自我搏斗来改变态度，也许需要有很多其他东西——改变身份的承诺。尽管这些策略显得消极和没有章法，但关系到的不是小改变而是实实在在的变脸。

变 脸

　　不满将人带入一个狭窄的确定世界，让我们对夫妻生活有了清晰的观点：另一个人错了，不可救药地错了。"这同样找回了我的自主，拉开和另一个人的距离使我重新找到生活的快乐。"梅洛迪说。经历了最初的震撼，这些突然出现的有关安心和稳定的证据还能提供一种奇怪的愉悦，并采取和自己的内心重逢的形式。因为个人是个整体，与过去有些被遗忘的坐标联系在一起。个人严格意义上的身份认同是紧凑和简单的，比承受夫妻间复杂和变动的游戏要更容易些，大多数我们看到的策略都是为了找到走出自我封闭的方法，可这种状态如此吸引人；个体必须主动发起这样的转变（根据由伴侣所提供的不同背景）。

　　最明显的身份认同，包括自我表现的统一性和流畅性：生活顺畅地展开，就像一个故事，一个可以描述给别人听的故事。在顺畅的生活表面背后，一些自我身份识别（立刻反应的、视情况而定的以及觉得可以操作的）的情况，会定时地出现和发挥作用。它们的出现并不会持续打断顺畅的生活，也不是一些非常明显的事件，但会使各种自我形象以及有对比的生活画面交替出现。个人会不断地介入多种行动准则中，并展现出变化多样的独特侧面。然而，正是这一幕接一幕的模式，使不满的人能够走出自闭的绝境。当他赞同了对他来说无法反驳的信念，他会回归到正常的夫妻状态，好像什么也没有发生。造成不满的人一般也会遵循同样的路径（因而带来良性的循环）。被他的行为方式所带动，他会无意识地造成不满，然后直觉地认为是他造成了对方的困扰，模糊地觉得他是错误的一方，他会寻求（一点点）救赎他的错误，并表现出更好的一面。这种经历的重复还使他懂得了这是一种非常有效的走出冲突逻辑和避免报复的方法。有些人因此变成了"拉他一把"艺术的大师，梅洛迪说。以查理为例。"当是他来提醒我的话，一切都会被抹去了。"萝丝或者马克说。"我太幸运了，我的伴侣总是满眼含情，也会在过分的时候道歉。当他说'你是对的，我会努力的'，我的心就化了。"卡洛琳说。而理查是个讨厌的带来不满的人："他会承认所有的过错，一般是他走出和解的第一步（当然这就是为什么我们现在还在一起）。让我恼火的事情马上就消失了。"玛尔维纳说。

经过了危机最激烈的阶段，夫妻两人会偷偷观察对方以寻找那些能帮助他们证明对方转变的细节。如果没有带来不满的人，如查理，以及马克和理查的戏剧性变化，不满的人其实只需要些微小的东西就能开始不易察觉地转变态度，进而刺激对方的软化，不断循环下去。危机最后是通过这样细腻的互动进行处理的，每个人都帮助另一方慢慢放弃个人主义。可惜有时候另一方固执己见，或者摆出一张顽固不化的脸（这基本没什么益处）。那不满的人就只能独自行动了。

当不满烟消云散

最简单的策略就是让（内心）风暴过去，并等待情绪自己平复。很难说这种纯粹自然的生理变化在何种程度上能和实际情况联系在一起。当然情绪在冲击的最初到达顶点，然后自然就会回落。梅洛迪觉得她并没有做特别的努力。"我没有克制自己，只是让事情自然消散，'烟消云散'是个不舒服的时刻。"然而在第二阶段情绪内容的变化就强烈地取决于自我的感受了。对于伴侣激烈批评的看法能把不满保持在一个很高的程度。缺少证据说明自闭的倾向，或者简单地采取更加模糊和远观的视角，反而能够降低恼怒的程度。此外，这里无疑还能说明不满会给人自动消失的感觉，因为不满的人都没有意识到这一点就采取了行动。这种消极和缺乏创造性的方法满足于拉开观察事实的距离，在头脑里还记着谁惹恼了他，但这个对象在更远处显现，这种距离减少了情绪的反应。不过这种机制是完全不自然的，距离感只来源于表现。这种现象最好的例证就是表象会有所不同（如果不满的人还保持了对伴侣激烈的批评），恼怒还依然存在。但不能就此得出结论，简单地把原因归纳为自然主义的架构，就是个人的表象决定了一切并带动了情感。这两者应该是密切交织和纠缠在一起的。毫无疑问出发点是情感，是不满本身突然将个人带离了平时平和且达成一致的看法。情感和批评的观点因而塑造了另一个身份，个人的或者自闭的。接着是风暴的高潮，"烟消云散"会逐步实现，在一系列杂乱组合中，情感的强度会降低，观点也会逐渐拉开距离和软化。不满的人只要有稍许意识来做些努力，更不要说发展一种策略了：他满足于非常渐进地调整自己身份的转变，可这些没有察觉的步骤带着他走向了完全的位置转换。

我们来看看这个把鞋子搁在取暖器下的灰色例子[1]。丹尼尔和克里斯汀的厨房在楼上，两个人回来后都急着找到回家的感觉，穿着鞋就上楼。然后把鞋放到取暖器下（还能放哪儿呢），脚上穿上拖鞋放松。这些鞋子最后就堆在了一个不合适的地方，这实际上让他们两人都不满。他们于是达成了一个理论上的正式协议：每个人都要在底层车库脱鞋，摆放在预留的适合的地方。可惜，他们继续穿着鞋上楼，取暖器下的景观越来越让他们不满，尤其是丹尼尔，他最终在周末爆发了。"我们把皮鞋放在厨房取暖器的下面，每个星期我都发牢骚，因为这不是放鞋的地方。我要求把鞋脱在车库里。"克里斯汀同样不满，因为丹尼尔（虽然他要求把鞋放到楼下，无疑明显是针对克里斯汀的）选择了另一种策略：抑制和沉默。这是经验的果实。她还发现尖叫不能改变任何事情（鞋子还会回到取暖器下），那还不如避免尖叫。她还把奉献精神进行了充分发挥，把鞋拿到车库里，什么也不说。当调查员问她是否稍稍尖叫一下能给她带来些益处时，她认可了，但补充道："我给自己保留了更重要的东西。"由鞋子产生的不满对于她

---

[1]事例由祖安娜·蒙斯（Johanne Mons）收集和引述，《垃圾分类：家务情境的呈现？——通过垃圾处理的方式分析夫妻生活》，1998年，第105页。

来说没有到达最激烈的程度,她更喜欢通过奉献和沉默尽快解决这些问题,更好地准备与丹尼尔口头上的冲突。因为这么做,她消弭了更个人的不满,比如来源于自己皮鞋的。某些形式的爱的奉献是会得到补偿的。

不满的人在不经意间发展了策略,尤其是在和事实拉开距离方面。例如,离开现场远离那些唤起恼怒的原始动机。"如果我生气,我通常会在他看见我面带怒容时离开房间。"妮可说。除了不看引起不满的东西,拉开距离还有一个好处,就是让不满的个人实现小的身份断裂,暂时躲避到个人自主的气泡中。有很多调研对象讲到了他们所体验到的"呼吸",使他们能比较快忘记事实,平息不满。梅洛迪说得很好:"我首先要得到补偿。"这也是菲德丽娅用到的方法,她说了更长的句子:"我需要休息和补充氧气的时刻。"例如,和女性朋友去旅游(不带佩德罗),"这让你重新变成个女人。"或者亚尼斯的方法,为减少不满,他按照夫妻运作的原则正式建立了个人呼吸节奏。"一般来说,我们共同确定了自由的'空间—时间':我和朋友们去看演唱会或者足球赛,她则和她的朋友去餐馆或者逛商店;她因为工作出差两三天,我留在家里照看女儿,反之亦然,若我为了工作要出去几天的话,她来照顾。这样运行得很好,我们很高兴在时不时短暂分离后再重返。我们两个觉得这种来来往往对我们的夫妻生活必不可少,还需要持续和向积极的方面变化。"不管这些片断是短暂的或一时兴起的,还是长时间或规划的,机制都是一样的,与个人主义的断裂(加倍)促使向正常夫妻关系的回归。它首先将视野远离了具体事物，促进了不满的消弭。然后，尤其是如果这种断裂延长（这里隐秘和温和的小报复会有积极的作用），会产生内疚，之前不满的人会寻求找回在夫妻关系中的坐标，并重新投身其中。两种身份对抗的时刻也同样有助于冷静的理性—强势的身份的识别，它和批评的思维是不太兼容的[1]，一般有助于放弃对抗的态度。三个因素相互交织来挫败不满：拉开物理距离，降低情绪的激烈程度，进行分析思考。不满是不会自己烟消云散的。

身体疗法

"我转换情绪所运用的方法是：我觉得根据情况在或明或暗的提示后，我会移开我的视线，做其他事情，这让我'放松'，也能促进他改变他的态度（在上述例子里，我会清理桌子）。"梅洛迪综合了三种方法，短促地批评（言语上的）；转移视线，表示批评的终结；最后将她的精神集中到机械的动作上，让她舒缓下来。最后的方法（用身体的反应解决情感的问题）不仅仅在不满时才有，它所涉及的范围更宽泛（同样在沮丧、惭愧等时也起作用），也能处理认知的错乱，如精神压力过大。例如在我关于厨房的调研中[2]，有

---

[1]霍夫曼：《自我创造：个人身份理论》，巴黎：阿芒·科林出版社2004年版。
[2]霍夫曼：《平底锅、爱情和危机：下厨能告诉我们什么》，巴黎：阿芒·科林出版社2005年版。

很多人和我讲到了这种行动的疗法。不管行动的复杂性和精神的集中程度,还是那些熟练掌握和惯常的行为,结果都是一样的:它"放空"大脑,排除所有的情绪和不好的想法。"我什么也不想,只集中在做饭上,我关注味道,真的什么也没想,因为这样我才能放松,将精神集中在一点。"东尼(Tony)说。什么都不想和集中精神(从严格认知的角度看这是两种相悖的模式)在大脑里是同样的。因为这样或者那样都能排遣已有的、焦虑的、累人的想法。"做饭是我的减压器,只有在厨房我才能找到使我放松的东西。在做事的时候,我才能松一口气。"东尼说。

但是做饭是很少用来解决不满的。因为这是一项过于规律、定点完成的工作(而不满是不期而遇的,需要立刻回应),工作的复杂程度需要极大地调动才智。为了平复恼怒,理想的治疗行为反而不是利用手头的东西做些过于简单、机械的工作。我们需要为了行动而行动,完成很需体力的基本工作,它极为朴实的特性给人以合适的印象,那就是机械性的行为是完全自然的,身体动作驱散不良的思想。或者同样地,情感强度的下降和表达框架的变化之间的逐步联系是决定性的。不满的消散是因为和具体事实保持了距离,行为的操控同样在某种意义上能带来距离。距离使人们把视线从具体事实转移到自身。每个人的表象都是在特定时间,基于变化因素而形成的。有时思想是有分析能力的,有时是口头的叙述或者图像的展示:所有的形态都发展了对自我的认识,人们于是倾向于称之为反身性[1]。但是这种对自身的审视会因为简单的存在感而被抹杀，比如通过强烈的情感[2]或者因为身体动作节奏而稀释[3]。此外身体疗法还结合了两种距离，因为对于自身审视的稀释同时也遮蔽了对事实的观察，因为这种整体的反身性结构都消失了。这双重动作通过划定了严格的自我身体的界限，将个人与夫妻社会化分开。很多人提到了这些协调方法能使人脱离不满的环境，同时也能自我通过行动汇聚在一起。比如，梅洛迪在非常生气后的现场证言。"于是我把视线转向别处，起身去洗锅，轻轻地，这是让我平稳脱离对话的方法。他注意到了，没有坚持，和我说：'我和你一起午睡。'（他基本每天都午睡。）我说：'我不知道谁不睡。'他就回卧室去了。于是我的不满情绪回落了，锅也洗干净了，我回到他身边。（因为不管午睡的时候吵不吵架，他都是要睡的！）"情况急速变化，迅速解决，并且继续进行完全不同的身体疗法。

这种借故意转移注意的动作来放松的行为，并不总那么容易实施，因为所有的动作都可能向引发不满的人发送信息，因

---

[1] 吉登斯（Giddens）：《现代主义和自我认同：后现代主义的自我与社会》，剑桥：政体出版社1991年版。

[2] 勒·布雷顿（Le Breton）：《走向危机：从死亡游戏到生存游戏》，巴黎：PUF出版社2002年版。

[3] 拉普朗廷（Laplantine）：《社会问题和敏感度：模态人类学的介绍》，巴黎：迪拉艾特尔出版社2005年版；索瓦若（Sauvageot）：《感觉实验：从行为到虚拟现实》，巴黎：PUF出版社2003年版。

此和肢体语言的逻辑正好相反。治疗性的行为试图切断与事实、伴侣的联系，与外部世界间筑起一道防水坝，使不满的人汇聚于自身。身体动作传递出的一点信息都能在沟通中起到相反的作用。但是不满者也想继续争论，他很难只对自己做出动作了。以梅洛迪为例，当伴侣还在把面包浸在残羹中时，她就立刻收拾桌子想让自己平静，可她的动作很大，碟子撞在一起发出巨大的声响。这仅仅是为她自己而做的吗？或者是向伴侣传递一个信息？毫无疑问她是游移在两者之间。困难在于这两种逻辑正好相反，一点点发出的信号就能毁掉治疗的作用。幸好，引发不满的人有他们喜爱的诀窍，就是假装什么也没看见，什么也没听见，稍微的偏移不会带来更多的后果。于是梅洛迪继续把碟子弄得叮当响。可这样什么问题也没有解决。最理想的是做出习以为常的小姿态，纯粹用以减压。运用日常中蕴含深意的动作，例如家务事，实际上会引发问题，甚至造成新的不满。当佩德罗把碗放到水槽而不是洗碗机中，菲德丽娅经常会立刻发起火来。如果不这样，她会在所有能采取的反应间犹豫。她最喜欢的是"窃笑"，把碗放到洗碗机里，"我再去做别的事情"。可她不能经常做到这样心里毫不在乎。她于是公然把碗留在水槽里，然后内心不平地做其他家务让自己放松下来。不满得以平复，可她对自己选择的正确性有了疑问：她正在做惹她不满的人要求她做的事情，这使她恼怒，尽管多做的家务带来了很好的结果。此外，她没有收拾的搁在水槽里的碗还在笑话她。有些天她也会改变主意：把碗放在那里，什么也不收拾，好像是无声的家庭罢工。可仔细回想自己的不满，她也没有通过救助的行为放松自己。相反，策略的混淆使人失去耐心，滋养了不满。这也是新的证据：行为的操控（例如烟消云散）不只是机械的和自然的。

赌气的正确运用

转移视线或者集中注意力在一些行动上让人放松，目的是隔绝开引发不满的场景，逃避到与夫妻世界密封的个人身份中，尤其是断绝与对手的沟通。很多调研对象讲到临时展示"冷淡"的必要性。"冷淡是不满的后果（我不再有爱意）；这是对于当下心情的一种应急反应。"梅洛迪展示这种冷淡，包括在沟通还没有断绝的时候。"这也能转换话题，将对话带入新的领域，但总是冷淡的。"就如很多触及不满的因素，"冷淡"是有双重性的，会导致截然不同的解读。第一种是：它是向对手发出的重要信息，在情绪高潮后很合乎逻辑。"他在我尖刻批评后立刻就很热烈地说起别的，造成一种我不能控制的倾向；在不满后，我还在思考他所说的，没有兴趣再理他。"梅洛迪说。他收到了信息，但竟然可以抹去它。"如果他能意识到这些，并利用这些信号，还能保持好的心情（或者他理亏了），他应该迈出让关系升温的第一步（开个玩笑，做点事，温柔的举动）。"梅洛迪继续她的解释，不自觉地滑向了第二种解读：冷淡不再是一种信息，而是展示了中立，隔绝了沟通。"这好像是甘愿受辱，还是够了吧！我不愿冒风险面临立刻再次不满。我要先平静下来。我不觉得对他这是一种警告或者惩罚，因为第一，他不是总能发现这一点；第二，我们不要忘记了我对这不满的因由有疑问（是因为他还是我）。"冷淡是一种自愿呆板的态度，标志着交流的中断。菲德丽娅以另一种方式进行了表达："我不争辩，只是保持距离。"或者像拉米亚，她保持着"冷淡的沉默"等着一切过去。

对于很多不满的人，只是冷淡是不够的。他们觉得需要升到更高的等级：赌气。这种方法也是有双重性的，按照运用方式的不同会向不同方向发展。有些赌气是攻击性的、毫无节制的，传递的信息模糊不清但很有力。这不是我们所感兴趣的类型，为了解决危机，温和的赌气实际上是一种断绝与不满产生连续事件的方法，这需要表现出一种情感的中性态度，要达到这样的结果只有不满的人放弃那些使他情绪激动的事实才行。露出一张冷淡的脸表示一个人正在内心中重建平衡，这无形和秘密的工作是不应该被讲出来的。"有些人不会说是什么激怒了自己，但我们能从他脸上看出来有些什么事情不妥，可我们当然不知道是什么，因为人们从他的思维中了解的不多。这就要问赌气的人，他想要的就是赌气，没有答案。"伊莎贝拉说。赌气是不可理解的，否则对观察的外人就显得可笑了。事实上，赌气的人经常是不得不采取这样奇怪的方法，在温和时，于矛盾中试图创造条件回归到正常的夫妻关系，但不能说出来，只是沉着脸。这是一种在儿童中经常使用的伎俩，他们也同样陷入无法表达自己的不满和小小苦楚的境地。（还有其他原因：不满的一方不能说出来是因为他会增加不满的来源；孩子则简单，因为他们无法用言语表达和他们较低的地位。面对着不了解自己的可恶世界，和它什么也不能说，孩子封闭在自己的世界里赌气。例如加斯东·巴舍拉（Gaston Bachelard）[1]所说的，谷仓就是一个可以完全赌气，没有见证的地方。夫妻中不满的人同样隔绝在赌气中（如同转移视线和投入到一件疯狂的事情中）。这里禁止表现出记仇的表情，也同样禁止发出回归到正常夫妻关系的信号。处于无法捉摸的中间地带，就好像悬在两种可能的身份之中，清除了所有言语和身体的表达。"我会有些赌气，我也不会微笑、愉悦、温柔、多话，也不会像平时表示对他的兴趣。在故事中最糟糕的是他完全没有意识到这点，也不会对他有什么打扰，唯一受到损害的人就是我！"爱丽丝说。阿齐兹没有意识到这些，也许其实是不想知道这些，以往的经验无疑告诉他这冷冰冰的敌视态度没有什么严重后果，也是暂时的。一切都取决于是哪一种赌气，因为有各种各样的赌气。当他最后一分钟赶上火车还在优哉游哉时，他知道爱丽丝的赌气没那么严重，仅限于游戏，他很容易就能转变局面。当爱丽丝认为这是一种对她关心的漠视时（比如他要求想些别的事情，她照办了，而他则要晚点去做），她就不会只限于表现出纯粹中性的赌气了。"这时我就真的要按照我的方式发火了，意思就是要发脾气了。我会容许自己表现出不满，就是容

---

[1]巴舍拉（Bachelarol）：《大地与休养生息的梦想：关于隐私的研究》，巴黎：祖西·柯尔特出版社1948年。

许自己赌气。我希望他能体会到我现在所体验的东西。可同时我喜欢赌气，我想这不是我的本质，当我发火时，我觉得受到伤害，我不喜欢这样的感觉。我很难去一直埋怨我所爱的人，当然如果这不是很严重的事情。"即使她没有办法才让自己表现出这样逼真的赌气，爱丽丝很快就会试图走出这种情境。这里不是拉开距离和在赌气中表现的中立态度使她降低怒火的温度，而是相反的情绪和想法——后悔和疑虑在暗地里起了作用。如同小小的报复，暂时和理智的稍微偏离方向能重建平衡。

脱离极端的中立，攻击性的赌气意味着辩证地运用相反的情绪来回归到正常的夫妻关系。由于补偿的作用，越是恶劣的赌气，不满/赌气的人就越觉得自己有错，会去促进向正常的回归。其他管理不满的方法与这个也比较相似，辩证地运用相反的情绪，但它是立刻发生而不是连续的。比如幽默，会带来双关的解读，一般来说不是那么惬意的，否则就真的是痛苦的。"我有一个迷人的男人（否则我早就把他换掉了），他把我带到我要去的地方，会做家务，也有各种优点。可有时候他也需要抱怨。比如从马赛到安道尔[1]的路上他就一直喃喃地抱怨，他受够了这条路和糟糕的天气，他想掉头回去了。我有个朋友和我们一起去，他恳求我什么也不要做。路程太远，为了能到达目的地，我们一路上什么也没干。这只是开始，在习

---

[1] 马赛：法国南部城市；安道尔：欧洲南部国家，位于西南欧，是法国和西班牙交界处的内陆国。

惯了这种难以忍受的性格后，我相信他这个家伙肯定能干得出来。不，他不会做的，他知道，而我不了解。很简单，他不满了，但他应该说出来。我们终于到了安道尔，每个人都要爆发了，尤其是两位一路上都祈求摆脱厄运的女士。我现在让他自己去抱怨，我知道这会过去的。"伊莎贝拉说。暗暗埋怨能得到一时的缓解，就它所能获得的好处来说，这样做是很不幸的。尤其是当对手从以往的经验中吸取了教训，知道如何正确地对着空气发牢骚。伊莎贝拉还能将这种情况转变为自己的优势。"一到目的地，我就跟他指出他有点讨厌，需要让这位后悔的先生做出些补偿，买个小蛋糕或者在周围买点让我喜欢的东西。我可是很专制的。"

恢复理智

当他转移视线，开始做一件疯狂的事情，或者现出一张难以捉摸的赌气的面容时，不满的人相反地获得了加倍有意思的成果：不良情绪的势头降低了，思绪能冷静和理智地分析现状。当然这种思维的能力是需要努力才能获得的。卡洛琳讲到了一项真正"隐秘的工作"能慢慢"拆除炸弹的引信"。但分析的结果不是一目了然的。两种可替换身份的好处和坏处（个人主义的坚持和向夫妻关系的妥协）已被评估和比较，尽管分析总是偏向同一个方向，爱丽丝每次都会怀疑，没有什么可以保证她下次的决定还是一样的。"关于赶火车，说实话在上车前我才会表现出不满，可一旦开车了，我就会马上忘记,我想这部分解释了为什么我赶上火车就放松了,也同样因为我不敢强有力和自信地宣称他让我不满。他对待我不是很严肃,温和地嘲笑我紧张的态度,最终他用些可笑的事情让我放松(他是个很风趣和可笑的人)。我太弱了,不能坚持自己的立场,我很快原谅了他,相对于我所想的的确是太快了。我想性格更坚强些,能让他懂得我的确是对他不满,他这时候让我发火了,可我做不到,最后我开心地接受了这个样子,尽管我对他有所不满。这太复杂了!!我逃避冲突,因为我讨厌冲突,因为这样更容易,我也不想成为一个'讨人嫌'的女孩,她们太容易不高兴了。"

尽管经常犹豫,冷静思考一般有助于夫妻关系的弥合,这里有很多原因汇聚在一起。首先是认识到顽固的个人主义的问题,以及带来的实质和社会关系的后果。因此这让妮可感觉到她发火有点过头。经历了由激情养育的梦想,现实全面地回归了。这需要移开高山。为了实现这个的必要事实却在情感最高潮时、在思考的作用下立刻分崩离析了,变成了简单的线索(秘密潜藏在记忆某个角落,为可能的危机做着储备)。接着,在风暴后需要平静,很简单,因为保持对立状态需要的努力让人心烦。可最有趣的无疑是别的——转向对自己的审视。情绪的平复马上就会导致怀疑,之前还很清楚的立刻就变得模糊了。他真的是故意这么做的吗?为了更加激怒我?他是无意间让我不满的,他还会试着改变吗?不满的人不是那么确信,在犹豫间一个新的对自己的观点开始建立,这同样在怀疑中产生。他的行为就无可指摘吗?他的话语就没有极端让人不舒服，甚至攻击性的吗？或者在赌气中对实际反应迟钝？思维发展在受到审视的时刻，以往过分的行为会在某天在记忆中闪现，会阻碍辩证运用相反的情绪。这里有个小小的狡猾复仇的例子，就是因为狡猾（始作俑者是很清楚这是什么样的），才会转变为帮助重建夫妻和谐的力量。在大声尖叫和敲盘子后，梅洛迪强迫伴侣把面包从残羹中拿出来，她看上去变成了个矫揉造作、暴躁、专制的管家。

埃丽兹（Élise）说："你会觉得很讨人嫌。"而萝丝之后因她过分的激动而手足无措，只能记下可怜的词句："我觉得自己可笑。"我们回想一下，结晶产生于各种琐事。在危机最高潮时，不满的人会不自觉想到在这之后还有很多事情。可当仔细分析情况的时刻到来，他就会尴尬地发现本来所以为的大风暴其实只产生于一杯水。这样的醒悟通常没什么用，大家只想尽快翻过这一页。

取景的改变

一旦情绪恢复，对伴侣的眼光不再那么尖刻，甚至试图进行自我批评，可还经常等待着对方做个姿态或者发出信号以进入良性的循环。可惜有时是什么也没有发生。轮到引发不满的人坚持着，举步不前，对对方的赌气和手舞足蹈没有反应，对尖叫充耳不闻。不满的人就要发挥创造性，从想象中汲取灵感发展些小诀窍了。最简单的就是改变取景，忽视引发不满的场景。我提示一下，这来源于两种忽视对方差异文化的亲密碰撞。夫妻间互补角色的定义就是一种解决方式，因为差异贯穿在日常生活中，构筑了夫妻这个整体。另一种方法就是避免冲突，一般通过操纵个人活动的空间增加两人间的距离，需要获得伴侣和其他家庭成员的确认。弗雷德里克·哈迪（Frédéric Hardy）[1]描述过一个热爱音乐的父亲，他会暴怒。"他生气，因为受不了看见CD被扔得到处都是，这有点像个战场。"为了找回平静，他决定在谷仓里建一个私人音乐室。对于萝丝和查理，他们住在两个房子里，萝丝在不满时能"甩门而去"（然后再通过邮件解释）。"我们有很多紧急出口来避免冲突。"可大多数情况，个人和夫妻间的界定是模糊的，对于个人偏离的合理性的确认也是不清楚的。

在定义取景的范围里核心是各种力量的角逐[2]。我们并不是我们以往经历的事件的主人，自主空间的定义很好地诠释了这一点，被认为是个人空间的很快就会被发现受到质疑。夫妻间的不满是一种时而需要两人参与（在激烈的互动中），时而又处于内心孤独的经验。不满者退缩到内心，主要通过虚拟的模式尝试在不同角度取景刚刚经历的事件。他在定义边界上修修补补来改变自己的观感。尤其是在游移中改变个人和集体的边界时，有很多导致不满的场景会在实际上造成悲惨的结局，因为本可躲在个人领地里的人会和亲密的人发生冲突。事

---

[1]哈迪（Hardy）：《摔门，伤害感情的话语：对家庭管辖权的习惯的综合分析》，让-皮埃尔·普洱图瓦大学，2005年。
[2]戈夫曼（Goffman）：《经验丰富的干部》，巴黎：子夜出版社1991年版。

后回想一下，重新体验场景会影响情感的积蓄。重复这样的工作最终会有教育的益处，改变对心中的风暴观感。以拉米亚为例，看见她老公衬衣口袋里掉出的个人亮闪闪的东西就会生气。"我无法理解的其他经常发生的恼人的事是：他用衬衣口袋来装钱、手机或者信用卡。他只要一俯身东西就会掉出来（他有好几次都把我列举的东西都掉出来了），可他继续这样做。我和他说了很多年叫他把东西放到别处。可什么也没有发生，他的习惯一毫米都没有变。"最让拉米亚不满的是听到他的大吼"他妈的"。他每次都会这样，显得拉米亚对他教育得非常对，因为他会是第一个满意的人。在失败的尝试后（但还是不满，因为和理想境界的差距如此明显产生失调），拉米亚改变了策略："现在，早上在等待他的东西掉出来和听他吼出'他妈的'的时候，我很不满，可内心里却笑出来。"尽管这样的转变还是不完美的，她成功按捺住了恼怒，直到产生幽默的距离。拉米亚最终说服自己这只是他个人的事，她完全没有什么可担心的，用她的方式不去听、不去看，事不关己就好了。但还有更好的方法：在伴侣有些可笑的习惯中找到乐趣。

我们吃惊地发现，当强迫把失调的家人放在一起会引发更多的不满，可当人们从外部看见的场景就变成了消遣的来源。之前不满的人化身为一个平静、微笑和温柔的演员，造成骚动的差异变成了可笑和可消遣的东西，令人愉快的异域情调。伊莎贝拉首先发现了她新丈夫家庭一车手行为中可笑的不恰当之处。她很快学会了控制自己，避免无用的争吵。"对于我，我知道汽车是神圣的，应该保持一尘不染，车上没有任何缺陷，每次上车前我都要检查我的鞋是否干净。"同样观察到"努力记下一些东西"也会带来个人的愉悦，也符合爱的逻辑。所做出的努力尤其可以避免没完没了的争吵。"当某一天我把泥土带到了我伴侣的车上，不仅仅是我要自责，我还会摇晃他让他使我反思，好像我们就要彻底分开一样。"之后是满满的得意，她也开始学会微笑了。"此后当他拍打车上地毯的尘土时是那么温柔，这才是他嘛，也让我母亲开怀大笑。"通过转换取景的魔力，那些最惹人不满的个性被拿出来描绘一个不成熟、笨拙和滑稽的人，带来欢笑、温柔和怜悯。妻子经常会把丈夫想象为一个孩子。当菲德丽娅精力充沛时，她会觉得佩德罗拒绝把碗放到洗碗机里是很"孩子气"的。"这给我带来欢笑。"这副男人—孩子的场景（可其他一些我们看到的场景实在让人生气）。此外还使拉米亚有了更多得到抚慰的空间。

"看见我老公的东西从衬衣口袋掉出来，给我带来的感觉是想发笑，我好像站在一个不断做蠢事的小男孩面前，也好像我在儿子们不停干蠢事时感觉到的温柔。"

小电影和旁白

空想比做梦更好，因为它以自己的方式构建着未来的现实。在纯粹无根据的空想和最终变为行动方案的空想之间，可区分出很多的不同阶段。黑泽尔·马库斯（Hazel

Markus)[1]尤其指出在"可能的我"的过渡阶段,有一个虚拟的身份,汇集了各种可实现的具体条件。他还提到"工作提纲":空想的个人柔和了虚拟与现实的碎片,进而浮现出一些可信的情境。取景和再取景都是正常的。它更广泛地参与了这种进程,在其间按照主观意识进行了过滤[2]。自由空想的人就是要愉悦自己,他精心准备了"工作提纲"的细节,并将之付诸实施,细节也在远处若隐若现。然而两人有一点联系了,他们投入自己的形象,包括那些虚拟的和疯狂的情境。这种原则也是个人身份认同的基础,于是发展的方向由个人自己决定,不管现实如何。当然现实接着会很快介入并产生影响,打碎过度的幻想。我们只能在做梦的时候相信梦境,也就是在做梦时我们真的相信了。

以上几段话我觉得很有用,因为我们现在看到的想象性的分裂是不满者在全部装备中可选用的武器,他希望能回归到更好的感觉。有些非常不现实和游戏性质的形式(卡洛琳把马克描绘为一个外星人),会让人想到这只是一种补偿性的空想。此外在最初的阶段,只有在有实际的身份认同时方法才起作用。当然从理智上和时间上来说,卡洛琳并不真的相信马克是个火星人。可在陈述中,就好像阅读一本小说,卡洛琳在人物中迷失了自己。当她一大早看到自己的男人时非常不

---

[1]马库斯:《自我图框以及自我信息的加工》,载《个性与社会心理学公报》,35卷,1977年第2期。
[2]霍夫曼:《自我创造:个人身份理论》,巴黎:阿芒·科林出版社2004年版。

满，"他的眼睛脏兮兮，头发乱糟糟，没有微笑，也不讲礼貌"。她于是开始放映自己救命的小电影，"有点像小朋友说自己的父母在争吵的晚上被调换了，我对自己说早上的马克不是他，只是个外星人替代了他的位子。真实的他在白天会回来的。我在脑袋里创造出科幻的场景，自己也笑了起来"。这种方法的有效性没有让她吃惊。"看，在我直率的微笑前，马克不满了。"原理都是一样的：要比在面前的现实更相信头脑中的小电影，也许电影重新解读了一样的场景（马克变成火星人），或者带我们去了另外一个世界。爱丽丝却如此温柔，想象（两秒钟）她扇了阿齐兹一巴掌（或者干脆把他杀了）。她永远都不会付诸行动，因为她相信了这种虚幻（只一瞬间），并使她放松。

在想象分裂的领域，存在着真正的大师，玛尔维纳到达了顶峰。我记得由那个难以忍受的理查造成的不满是那么多，如果玛尔维纳最终能把这些都处理掉，这要多亏了她超凡的想象工作。很有说明力，她相对于想象更多讲到了她"旁白"的技巧。"我们有三分之一的周末都是在他父母家度过的。在'他的领地'上，他变成了另一个人，只听他母亲和朋友的。这让我很不满，因为我要小心我所说的一切，这可不是我的性格。为了坚持下去我发明了旁白。当他高谈阔论时或者他听信了他们的蠢话时，我就会给自己做评论，或者仔细准备我也许永远不会说出来的机言巧辩（有时候我是如此专注这个小游戏都忘记了吃饭）。"在夫妻的日常生活中，玛尔维纳以一种更惊人的方式组织着。分裂超越了简单的想象，她经常很严肃地在秘密小本上记下笔记。"最后我会运用两种方法。第一种已经获得了我女朋友的认可：记下会造成伤害的东西，刺耳的话或者态度，记在小本上能维持表面的平衡，在同样的情况再发生时，可拿出来作为证据。可如果在火头上，小本都没有带在身上，我会晚点等头脑冷静下来时再记下来。这使我能相对地看待问题：在记下这些指责时我觉得无关紧要，有时候还会忘记记下来，可当想到我能表达出这些，我就舒服了些。"在气头上，当她想着要在小本上记录这些时，她更坚信这一点。在记录的时候，她已经是另一个人，更加分裂的人。她的两个阶段起了不同的作用。想象把这些记录下来，想象她所记录的会变成现实（以强烈的报复形式），这让她放松。接着更仔细的思考使她能做出选择，准备好回归正常。回归总是痛苦和充满疑问的，这需要她储存着其他的弹药，永远基于她想象的场景。"后一个方法就没有那么荣光了：我想象我离开他。我看着我生活的这间屋子（它乱糟糟的，因为这是我们之间的主要障碍：我不那么讲次序）、我的穿着（他嫉妒我，还有让我不满的是我穿衣的方式好像是为了适应他的多疑）。但是我永远不会想到和他说话的场景，因为一般前两步就足以让我平静下来了。"包括她想象离开他，玛尔维纳在矛盾中试图修复夫妻的统一。这是一项艰巨和秘密的工作。"所有你看见的方法都在'内心'进行。在'外表'，我的面容表现出赌气和有些愠色（这让他不满，因为他更喜欢面对面交流）。"

提取优点

在负面情绪的痛苦中,可怜的不满者等待着一个信号让他能进行身份的反转。当什么也没有发生,他就不得不独自顽强地进行身份统一的工作,这需要经验和创造力,他还要悄悄运用秘密的宝藏,甚至要拉开距离或者表现出冷冰冰的面孔。这些表象不应该使我们受到欺骗。因为他的确是在努力重建爱的关系,从回归正常的夫妻关系开始,这要创造一些条件。内心里还在恼怒,一直在抱怨和赌气,在他在秘密地寻觅着出路,运用身体语言、事物、批评和梦想。在梦想和现实之间,我们下面要探讨的技巧是最有意思的之一。我们看到了梦想的分裂,当很好地运用时,它的力量是惊人的。可这需要一种不太好实施的技巧,尽管玛尔维纳有时会失败。"如果计谋失效,我的方法马上就会表现出局限,因为我找不到消化这些梦想的开端。"所以必须接受夫妻关系所展示的现实,可不会过多地让步。现实也许会有不同的结构,例如划分出自主的空间,可冲突令人恼怒,同样还需要对不同等级的观感进行管理。伴侣并不是一成不变的,尤其在面对不满的言语时,只要小小的事情就能激化情况。在情感最激烈的时候,这些小事就变成遮挡森林的树木,伴侣只看到引发不满的细节。情感的冷却和拉开距离已经能重建更为平衡的看法。之后,当不满者不仅仅相对地看待问题,还能集中在被遮挡的光明面时,情况会更好,就好像清晰和欣慰地重新发现对方。这些隐秘的幸福和被遗忘的温柔回到心里,稀释了满满的苦涩,因为一个方向极端的情绪会导致向相反方向发展。但同样仔细的分析已经提前进行，抽出了对方最好的一面（分析经常不是那么客观，而是不满中的大杂烩）。在风雨后就是阳光。

首先这是一项真正的挑选工作，需要非常冷静的技巧。"需要考虑很多事项。我对自己说他有其他的优点，可稀世的珍宝是不存在的。"洁德有所保留地说道。梅洛迪就没有那么保守："我希望有爱心，我为了他和孩子们待在家里。如果我不再有爱，有什么好处呢？"在他大吼和甩过盘子后，在情绪稍微平复时，她希望尽快走出这种难受的片段。因而她挑选出他最好的一面，集中于那些依恋的举止。梅洛迪试图让他处于能激活他的情境中，并重温其他一天的场景。挑选不局限于个人和私密的观感：它帮助从双方最好的一面开始新的互动。"直觉上我觉得我尝试中立地看待事实，创造一个更好的条件让他来喜欢我，并唤起我对他的爱。某种程度上我给他机会了。"梅洛迪以更精确的方式在最直接和实际的特性中挑选，试着抓住她觉得会引发激动人心化学反应的因素（尤其是他的眼光），就如相识的第一天。"之后当我的目光重新落在他的身上时，这就是我所要的眼睛，闪烁着光芒。就好像一切都重新开始。我'忘记了'之前，直到下一次。"

有些读者也许会责怪我没有坚持在第三部分标题中所许下的诺言，觉得他们受到了欺骗，因为这只是爱的问题。这些只是策略和一些小伎俩，而爱被认为是完全不同的东西，一种纯粹、明净和神圣的东西，来源于不可捉摸的地方，远离世俗世界的一般斤斤计较。当神奇的气泡（暂时）隔绝了现实，它有时会有这些高尚的特点。可生活的根本在于夫妻所面对的必须战斗的现实。他们从最新鲜的具体事情出发，用坚持和智慧日复一日地改造着现实。爱是种有活力的感情，每一秒都在持续进化，所以绝对必须在任何场景下都保持改造。经常是以秘密和不为人知的方式，甚至是艰难的，需要激烈斗争才能舍弃自私的坚信。这些技巧表面的微不足道之处隐藏了身份转换的巨大工程，这些建立了一个不同的我的基础，与夫妻的交流密不可分。现在通向更加明确表示各种爱的宣誓的道路已经打开，而且符合日常的规范。如果没有之前秘密的零碎准备工作，这是不可能实现的。这就是为什么在本书看见如此多的辛酸、暴怒、诡计和虚伪后，我们在这里要以大团圆结束我们的故事。

结论

在一种特别的氛围里进行了一场全新的调研。投入其中的研究者惊奇地发现了他的快乐与付出。不满立刻显现出的特点是非常活跃,产生的反应在以前也仅少数被揭示。这小小的情绪明显也有其不可忽视的线索,揭示了时代的某些特性。我们是否能断言以前的人们就没有那么不满呢?可以很合理地质疑这一点。为什么阿伯拉尔与爱洛伊丝[1]就没有经历过这些隐秘但是可怕的家庭恼怒呢?无法核查这一点,文档在这问题方面没有只言片语,无法度量和比较。我们只能猜测。

我大胆提出一个假设:如果不满是古来有之,那它的形

---

[1]阿伯拉尔,12世纪法国著名神学教师阿伯拉尔,与美丽智慧的学生爱洛伊丝之间发生了一段刻骨铭心的爱情。事迹见《彼特·阿伯拉尔与爱洛伊丝的书信集》。

成机制就深深打上了历史演进的烙印，显著地表现为两个增长：不满的原因，同时也有对它进行管控的能力。第二个特点解释了为什么我们的生活没有变得像地狱那么糟糕，但这并不能阻挡潜在的恼怒不停增加。

有很多因素介入其中。最主要是人与其社会环境间关系的动荡。在传统社会，整个社会结构定义了个人角色和其存在的意义，每个人都要遵循和被规范。人生的道路已被规划，不同社会等级对号入座，使各种回声都汇聚到同一信息，产生全面的整合。其中当然也包含生活里最微小的细节。凯特·加夫隆（Kate Gavron）[1]指出住在伦敦的孟加拉人，他们的烹调方式还是如此系统化，在传承中保持了对规矩的尊重：一条鱼绝对不能随意处理。一个年轻的妇女是有权创新烹调方法的，但她会害怕婆婆这样批评她："你的种姓从来没做过饭吗？你也不知道做饭吗？"不满在这里找不到位置，因为生活已被集体规范化。当然，沙粒也是存在的，各种运转不良和异议都会每天减轻规范的压力。但它只是对参照的规范做调整，并不质疑其存在。不满随着各种可能的增加而增加，使所有的参照物都产生动摇。精神的疲劳是个人解放所要付出的代价，不满也是我们今天发现如此广阔选择的代价。

现代的不确定性其主要特性是历史的产物，是近期才产生

---

[1]加夫隆：《从包办婚姻到真爱婚姻》，载《地理》，1996年第27期。

的。因为第一次现代化[1]并没有从根本上改变日常生活中个人在社会中的规范。传统被法兰西共和国的很多宏大规划所取代（例如学校），它们继续将个人限制在强加的角色和集体真理中[2]。要等到最近，20世纪60年代的第二次现代化，断裂才发生，如此宏伟的历史建构才分崩离析。在个人的猛烈攻击下，大家才在各个领域发现新的个人自主和自由选择的欢愉。

现在开始讲讲触动夫妻关系的事情。那种预制好的夫妻关系，只要把自己置身其中的形态已结束，而且严重割裂了男女间的附加功能。新的量身定制的关系开始统治现实，真自我也有了即兴发挥、尝试和想象的可能。没有任何一个私人生活的领域能逃脱这种对自治—绝对自由的追寻。教育、假期、食物和健康，所有都被质询，每个人都琢磨自己的回答，夫妻间的平衡、新的必要工作的分配次序都显得那么复杂和微妙。还不算夫妻间矛盾，在被认为是真实和公正的情况下，并不是退出被迫扮演的角色带来的唯一裂隙。我们在这本书里看见很多，尤其是家务事的分配和自主空间的协调产生的矛盾。也许还要加上其他行动规范可能性的倍减。在我最近的关于烹饪的研究里[3]，我同样展现了某一时代的烹饪方法和行为系统会

---

[1] 第一次现代化指从农业时代向工业时代、农业经济向工业经济、农业社会向工业社会、农业文明向工业文明的转变过程及其深刻变化。从18世纪到20世纪末的世界现代化进程包括第一次和第二次现代化两大阶段。
[2] 杜拜：《机构的衰落》，巴黎：塞伊出版社2002年版。
[3] 霍夫曼：《平底锅、爱情和危机：下厨能告诉我们什么》，巴黎：阿芒·科林出版社2005年版。

有规律地延续，现代女性（或者围着锅台转的男人，另一个不确定因素）会不断在快餐和美食之间犹豫。游移不决也是潜在不满的来源，也许还会被伴侣的可能反应所放大，例如会抱怨是不是吃比萨太过频繁，或更糟糕的是嫌弃菜不合胃口（尽管这是用爱心调制出来的）。

事情的本质归纳为：个人自主性的发展提供了更多即兴发挥和自由解读的空间，但这又相反地需要两个人投入到大量的调和与统一的工作中。这与抽象的工作无关，只基于伴侣们的良好意愿。但一件精细的工作需要相应的技能，随时都按步骤进行。举个简单的有关日常消费品的例子。家庭都热衷于固定化对产品的选择，避免费心和失去平衡。但每个家庭不可能对广告的诱惑和其他刺激毫无反应。工业创新倍增了产品种类，一个简单的纸巾盒突然就能成为个人或者夫妻不满的原因。听听伊莎贝拉说的："开发如此多的新玩意儿，以及无用的玩意儿，不停地更换包装，发明出一百多种不同牌子的咖啡，企业完全不顾家庭的安定。我记得我们为了一盒我男朋友说的什么都不值的擦地板纸巾吵了一次。我上次一个人去购物，不知怎么鬼使神差给他买这么一盒烂纸巾，连用旧的抹布都不如，家里光亮的打蜡地板越擦越糟糕，纸巾弄得地上湿乎乎和脏兮兮的，也去除不了灰尘……咳，可是我觉得买对了东西。我们弯腰看地板，的确是有所变化，深栗色地板变浅了，纸巾从白色变成了橘色。在包装的角落上写着一行小字'难以置信的新配方'，突然间我男友就发火了，他拍打着家里的东西，到处都是灰尘，他嘴里还咒骂着，因为他已经完全无能为力了！就这样折腾了一天！"

不满在这里又进了一步，因为对买的东西失望，人们从两个不同的角度思考：每个人该干什么和怎么干。我们这里遇到一个悖论，毫无疑问这是现代社会的小小悲剧。宏大的计划是获得个人的解放并更专注地向他人开放，所有人一起自由[1]。在这一点上没有比强加的行为更不合时宜的，它让男人、女人分隔在自己的星球上。现代夫妻都尽量避免某些行为的固化，而是尝试对工作进行分工。但没有比不满更糟糕的了，通过不满可以偷偷地逃避自己的义务。夫妻们有两种方法可以避免把共同来做的家务变成讨厌的吵闹：比较高尚的是爱的约束，共同投入，与日常生活隔开并抹杀个人的边界，可惜这可不是能随心所欲的。对个人的新的控制会限制不满产生。举个有代表性的例子——性行为。期望越高越会引发期望的模式和现实间更多偏差，也是不理解和矛盾的缘由[2]。想尽善尽美却导致不满，尽管人们期望没有那么多不满。对于那些不太有关情感的活动，尤其是家务事，就有可能采取相反的方法：避免摩擦和混淆，规定好每个人的位置和工作。比如做饭，一般是一个大厨指挥，或者是一个大厨加上一个二厨，不太会颠倒角色采用别的烹调方法。

---

[1] 辛格力：《一起自由：同居生活中的个人主义》，巴黎：纳唐出版社2000年版。
[2] 博宗：《性行为的新规范，或者私密体验实现一致的困难》，载于马赫格（J.Marquet）《规范和性行为：社会学研究和多学科探索》，比利时新鲁汶：布吕朗科学出版社2004年版。

角色就是一个问题。我们曾觉得角色分配已结束，尤其是把男人和女人在聚光灯下对立起来的分配已完结，再没有比这个令人厌恶和过时的了。但我们要考虑到其还有遗存。历史的深刻记忆在抵抗着新的观念。我们有关不满的调研遗憾地使乐观的态度一扫而空。这本书讲述了什么？首先，现代化所产生的不和谐带来了越来越多的吵闹；其次，个人逐渐发展了处理这个问题的能力，如果历史就此而终结将是美丽的；第三，不幸的是，避免不满的主要方法是发掘每个人的专门化，从而建立附属的角色。我们甚至可以观察到在某种程度上，这已成为现在夫妻关系构建的核心内容。这个强大的机制再次激活了性别差异的历史记忆，并赋予它巨大的抵抗能力。再不能只把男女在夫妻关系中的对立简单地视作历史的遗迹（从纯生物学的角度看就更加不能确定了）：我们需要考虑夫妻关系的机制本身在最近历史中的发展。

我所说的"小小悲剧"是因为（尤其是其他人的）不满总是让我们发笑，也许也有让我们流泪的东西。我们陷入了相反指令的圈套，就是内心平静和自由现代化的对立。第一个指令让我们去寻求个人的舒适和夫妻间的安宁，谁能否定这样的需求呢？在我们这个如此暴烈和难以忍受的社会，没有人会放弃。但相反的指令则可能悄悄地让我们承担恶果，这个指令在过去半个世纪是双重解放任务的中心：男女之间的完全平等和个人的创造性，以及远离强加的不可接受的角色。

我们保证这项任务在梦想和现实的裂缝中，恐怕会在相当长的时间里，还会引发不满。

附录 研究方法

新调研方法

这是我第一次不用录音机而采用电子邮件问答的形式进行调研。最初调研的请求发出是发散的，都是我在不同的公众场合发出，以及向在法国、比利时、瑞士报纸杂志上结识的人发出。我特此鸣谢以下记者朋友，让我能接触到调研对象，尤其是阿丽亚娜·波尔（Ariane Bois）、达尼埃莱·罗非（Danièle Laufer）、娜塔莉·勒维莎拉（Natalie Levisalles）、伊莎贝拉·毛丽（Isabelle Maury）、西尔维亚娜·皮蒂（Sylviane Pittet）和伊丽莎白·威丝曼（Elisabeth Weissman）。

我本设想使用其他更开放和互动的电子渠道来调研（如博客、论坛）。但我担心工作量过于庞大，而且我需要掌控工作的流程，因而电子邮件交流对于我来说更为可靠。尽管其他令人兴奋的电子渠道还有待开拓，但我不后悔我的选择，因为通过电子邮件调研被证实极为有效，也更灵活和有助于实际工作的开展。在感兴趣的人联系了我以后，我建议他们自由表达意见。以下是标准文本，多少能方便他们回答。

谢谢你们回复自愿参加此调研。此活动的原则很简单：我们通过电子邮件以我们都方便的节奏进行沟通，您可在任何时候终止调研，或者拒绝回答某些过于困难和具体的问题。

夫妻间的不满数量极多，但经常都是小事，可能在还没有意识到的时候就忘记了。所以要记起并复述这些事情不是那么容易。我因此选择这种比较"私密"的电邮沟通方式，并用所需要的充足时间进行调研。在您第一次回复后，我将回复您并尝试我们更深入的沟通。您的回复可以非常简略，也可以针对极细小的不满发表意见。这是个起点。您可以举一两个例子，并描述您那时的心态，您采用什么方法重建了心理平衡等。需要指出的是，您的回复内容完全取决于您的决定。

我们的交流也可采取"言无不尽"的方式，如当某天发生了"热度极高"的强烈不满。这取决于您的个人意愿。我们也可以一起探索并观察其结果。

任何事情都能成为不满的原因。举例来说，不一样的收拾或者不收拾物品的方式，不一样的吃饭、看电视和处理个人事务的方式，不一样的节奏等。或者其他大家不愿意承认的小小不满。夫妻的组合千差万别，这是正常的。和谐的夫妻不是那些没有争执的夫妻，而是善于处理不满的夫妻。

每个人的回复都引发出我不少问题，不管是事件本身还是关于概念上的。然后，我把我的疑问反馈给大家（有些是我自己的解读，希望能得到确认），其后对话由此展开。回复的内容太过于丰富，以致我不能完全跟上所有人的节奏。我不得不优先照顾一些人，对于剩下的当然也希望更多和我交流的人，我只能报以歉意。交流非常频繁，而且必须不断地加以处理（尽量避免素材在第一时间积压下来），我必须有所取舍。相对应地，这种调研的科学意义也是巨大的。原则就是趁热打铁、持续不断的概念构建。而传统的研究方法分离了材料收集和处理的步骤，现在则是同步和互为补充的。我很少能如此满意，在提出问题给调研对象的同时，及时地测试各种假设。第二个好处就是邮件调研收集的信息如此丰富。虽然少了面对面访谈时的各种试探和灵机应变，也没有了口头叙述的诗意，但是获得了信息的精华，而且经常相互贯通环环相扣。

提出的问题多少都基于最大的诚意，从泛泛角度来说，我很难和面对面访谈的问题进行比较。面谈中的真诚程度就有很大的变数，这取决于被调研对象的参与程度和调研者的态度[1]。同样的问题也发生在电子邮件调研中。我很容易发现有些人在调研人员的帮助下非常投入，更倾向于自我分析。他们都试图更好地了解自己，以及他们的配偶和伴侣。但在这

---

[1]霍夫曼：《调研以及其方法：综合采访》，巴黎：阿芒·科林出版社2006年版。

样的调研中说谎也有了更多空间（脱漏的情况倒没有这么严重）。如果整体来说，面谈里内容的真实程度较高，但也需要更多的分析和论证来实现这样的真实性。

　　人们会经常由于不同的表现形式错误地认为口头交流的真实程度高于笔头的沟通。不同人的书写方式非常不一样，有些人是快速和直接的，形式近乎口语并适合互联网，而另一些则是传统的字斟句酌；某些人充满了激情，有些人进行冷冰冰的分析；有的幽默，有的严肃，不一而足。不同的风格基本上不能直接告诉我们投入和真实的程度。但也有例外，伊莎贝拉的书写在其冲劲的带动下，丰富多彩也比较随意，介于文字游戏和独一无二的自我分析（我因而不得不筛选，并遗憾地忽略大部分的内容）之间。更经常的是沉重的书写形式（更不似口语，更深思熟虑），但这也不能证明其缺乏真实性，而说明被调研者花了更多工夫自我分析。电子邮件调研不能完全复制面谈的结果，调研者离得更远，被调研的人就一般首先讲到自己。

直接通信者

　　大多数被调研对象都从自我介绍开始，详细地描述私人和职业发展的轨迹。我进行了仔细筛选，避免发表所有的个人信息，因为这些信息如此隐秘，如果不能保证匿名性将对他们夫妻生活产生难以控制的后果。我因而只保留了每个人的一些信息，通常都是他们自述的一些片断。

现在已是要交付我手稿的时候了，我对自己说可能加入一些每个人的最新近况会更有意思。在调研结束后的三到六个月我没有收到新消息。应该说我还是很想知道的，虽然我认识到收集的新素材也不能拿来处理了（必须对研究做个了结）。电子邮件调研的灵活性使我能锦上添花地获得这些信息。筛选了部分回复，以原始状态呈现在下文。并不是所有人都回信了（三分之二的人回复了），首先由于技术原因，很多邮件地址不再有效了（网上的人生变化很快）；其次因为其他原因，有些人自己退出了试验。

这些"最新消息"让人读起来兴趣盎然（我觉得只能复述而不能分析这些太遗憾了）！岁月留下了它的痕迹，许多家庭的结构变化了（有的怀孕了，有的小朋友出生了，有的买房，可惜也有分手的，如玛雅和伊戈尔，佐伊和查尔斯-亨利，也许下一个是洁德）。变化也带来了有强烈反差的后果：有的危机升级了，幸运的是大多数情况好转了。调研起了轻微的治疗作用。梅洛迪说："在放大镜下看这些小小不满，事情本质变化了，我作为一个虚拟的植物学家缓解了作为妻子的不满。另外，'他'虽然没有读过我的邮件，但很清楚我写的内容，我举的例子，以及第三方的存在，这让他烦我的时候也有所顾忌！"有些人的情况没有变化，而且我惊奇地发现，在这些不满和夫妻关系中心的恼人细节也依然没变。这些细节已在慢慢地堆积，填满了现实生活；这也说明了这些信息的可贵。

以下就是被调研对象的最新信息。

在几个月的静默后，以下是我工作的最新情况。我对于不满的研究取得了很好的进展，令人激动的是明年2月就会出书了。我现在正做最后的修改，9月完成。我对自己说加上这一章每个人的"最新消息"可能会有趣。请问是否能简短地回复（如果没什么可说的一两行字，或者5到10行，如果你想写更多也没有问题，但请不要超过30或者40行），在调研后最近你们夫妻生活中的不满的情况？请畅所欲言，告诉我整体气氛的变化或者最近几个月的突出细节。

以下文中使用的名字当然都是虚构的，通常我会自己选择。这里的调研对象选择使用匿名。我事先曾征询他们让他们自由选择。对于以下各位的密切合作，我无法用言语表达对他们的感谢之情（如大家所知，网上的距离使我们更为贴近）。

爱丽丝和阿齐兹

爱丽丝："我是个很好相处的人，但我有我的原则和价值观，对我来说非常重要，例如坦诚、忠实、尊重、信心、正直，这些都不是能拿来开玩笑的，如果不尊重这些，我就会表现出无法想象的状态。我现在实际上是个'牺牲品'，我是共谋也完全知情。我也是阿齐兹的牺牲品，他总以把我逼入困境为乐。"

阿佛洛迪特和弗朗西斯

阿佛洛迪特："在我们十年前最初相识时，我们之间应该是谨慎的,不会在另一个人面前放松自己。我好好想了一下,这些新习惯大概花了五年才最后扎了根,当然也形成了很多惯例。"

最新消息:
"夏天到了,但是我们的不满一点都没变,我想是不是永远也改变不了了。他习惯掏鼻孔,咬指甲,乐在其中!为什么我在的时候不能停一下?他一点都并不以为意!我可受不了,每次都恼火得不行,我尝试不去看他,但过一会儿我就崩溃了,我大叫,打他(只打他的手)。我发誓一定要在他的手指头还在鼻子里的时候拍张照,给他看看他的德行!"

卡拉和J.P

卡拉:"幸好随着时间流逝我们改掉了动不动就去找他妈妈,或者问我父母意见的习惯。我们在一起才六个月,他以前没有和谁同居过。我想他有时需要些安全感,因为在他人生中一直伴他左右的就是妈妈。"

卡洛琳和马克

卡洛琳:"事实上他36岁了还像个孩子。当我劳累地结束了一天糟糕的工作,我们女儿让人筋疲力尽时(就像所有两岁半的小朋友),或者荷尔蒙使我心里痒痒时,我就要失控闹出大事。我想找人吵架发泄发泄。但我太幸运了,我的他总是满眼含情,也会在过分的时候道歉。当他说:'你是对的,我会努力的。'我的心就化了。"

最新消息：

"我们有什么新的不满呢？也没什么大事，因为我们的生活被刚降生的第二个宝宝弄得一团糟，现在两个半月大了。我们被可爱的小家伙填满了……但最恼人的是当我生产时，你也知道女人被疼痛劈成两半（我分娩比较痛，也非常非常快，生了以后麻药才起作用），可他说：'不要紧，不疼的，只是你脑袋里想出来的！'我觉得我捏碎了马克的手，还差一点就把他的手指头给咬掉了……他这么放松让我怒火中烧！！但是当我看见新爸爸眼里的爱和很多东西，分娩时的争吵瞬间就消失了。世上哪有比小宝宝的诞生更为奇妙的事情！以后再没有不满了。也许是熬夜太多，太疲劳了……也没有气力去吵了……"

卡丝奥佩

"我有很多工作，晚上也要加班。可我男朋友不懂这点，如果我晚了一个半小时回家，他就会嫉妒得不得了，好像我才14岁，其实我都44岁了。"她丈夫63岁。

最新消息：

"和你交流以后，我有所进步，觉得他也一样。

"我学会了不要过于重视没有必要的东西（小嗜好）。我的孩子们（他和一个四岁的）也有些思考，使事情有所改变：他们的权利要大于我的。

"我更放心在我离开的时候让他收拾厨房，还有和小朋友玩一下。

"我也更加重视他所做的，如修理家里的一些东西，修补些小饰品。

"我尝试不把我要的节奏都强加给所有人——这对我有点难。

"有了这样的想法，我觉得日常的小吵闹有些可笑，我尽量不去纠结在这些上面。

"我完全认识到他不可能改变，但他主要的缺点是总是看到杯子的水是半满的，而我正好相反，我希望他意识到他有很多机会，他要好好利用，不要让太多的细节把我们的生活给毁了。"

克莱曼婷和菲利克斯

克莱曼婷："我的丈夫是亲切、迷人的……但有一个缺点：他从来不听别人说的！哦，他也不是聋子，他的听力非常出色，他听得见别人说话，但听不进去！！这很烦人！有时，他喜欢激怒我，他是非常糟糕的演员，我一下就注意到他很夸张。"

最新消息：

"自我们上次交流后，出现了一些新情况：一个婴儿的到来！所以现在我有两个孩子，呃，是三个孩子：2个月大的、

3岁的、33岁的！！我丈夫让我很烦，因为他像一个孩子，这让我很烦！！最近他买了一个新手机，高科技产品：非凡的铃声，大屏幕……然后什么都不存在了，只有他的手机！在仅有的家庭放松时刻里，他就在玩手机或阅读用户手册！！在购买前，他花了好几晚在网上比较……当然是手机了！就像一个孩子面对着圣诞礼物，但是他33岁了！就好像买的拖拉机和新的卡车一样……还有就是周末去度假前，我必须收拾所有人的行李，我希望他也能像个33岁的大男孩一样照顾自己！"

埃琳娜和杰克

埃琳娜："我在传媒工作，我的男朋友和未来的丈夫（我们将在5月结婚）是一名工程师。我们结识和同居了两年。我们分别是32岁和35岁。我们在相识前也都还有别的故事，我们和其他人同居过，过着不同的生活，我们也作为单身男女一个人待过……所以，当我们相识后就建立了我们自己的相处之道，夹杂了我们的要求和愿望。性格上我们是互补的，杰克相当平静、保守，善于与人相处，内向，让人放心，实在，适应能力强，也是计划的跟随者。我则很活跃，性格开朗，反应快，速度快，急躁，善于与人相处，是计划的组织者和引擎，充满梦想而完全不知道事实的情况。"

伊莉莎和罗博尔

伊莉莎："我认识我男朋友有10年了（我们现在26岁）。我们当时都在读高二，在同一个班。我们一起'成长'了：高中毕业后读大学，然后是实习，找到第一份工作，住到第一间自己的房子里，第一个假期……经历了一切。我们结束学业有三年了，之后才真正在一起。此后故事就开始严肃起来，我们都向前迈了一步。我觉得是因为开始工作，有了收入（对于家长我们独立了）使我们真正认识到生活的改变。此外，也发现在日常生活中的琐事：记账、购物、清洗、熨烫，让生活变得复杂！"

最新消息：

"我生活有不少变动，我休了个长病假，又开始工作了，我们还搬了家。你会对我说这没有任何关系。但实际上，由于搬家，我的健康好转……给了我们新的生活和新的习惯（我们伴侣生活的结构也改变了），我想原因是停止用互联网和我们重新安排生活的意愿（尤其是不用互联网）。新的安排是家务更公平地分配，我男朋友主要负责熨烫衣物。我们在一起经历得更多，对未来的看法也不一样了。另外，我们尝试享受当下的时光，比如在假期或周末出去玩玩。他也没有以前那么宅了。最后，我们开始做计划，包括搬迁，建自己的小屋……我担心互联网的恢复会破坏所有这些变化，但我也会尽力保持我们同居的新生活状态。"

菲德丽娅和佩德罗

菲德丽娅："我的二儿子和他女朋友出了点问题，他显得很震惊；我很担心，因为尽管他已24岁，但还非常脆弱。后来我遇到了佩德罗，是他帮我抚养了他们哥俩。我和佩德罗有另一个儿子，18岁。我们一直支持孩子们，对于我来说他们总是优先的。现在我们度过了一年二人世界的生活，孩子们只偶尔在。令人惊讶的是，这没有我想象的那么难。"

最新消息：

"关于夫妻间的不满本质是什么？有点像天气，有比较意外的波动。我认为，'小'的不满最终会揭示'大问题'，没有说出口的话和折磨人的期待，以及我们在教育、文化、日常生活方面的差异。典型的例子是：'他应该能猜到我过节想要什么，我已经提醒过他，但他沉于工作，我不指望他。'这是最近的不满！"

弗兰基

"我们结婚有21年了，我45岁，我太太比我小两岁。我们有两个男孩，分别是18岁和15岁。至今没有什么特别的。但我们夫妻生活有点特殊的是，4年前我卖掉了公司。这个机会实在是太好了，我不能让它溜走。我完全财务自由了，我成了一个'食利者'。"

这个故事里的大问题是我在家里的存在变得更重要了。

最新消息：

"不满总是有的，但没有增加，我要说还有减少的趋势。
"其实，我们度过了两周家里没有孩子的时光。事实上好像引发我们不满的问题也减少了。在我的'家庭—企业'的建构里，一些私人因素的消减也降低了我和我副手（我太太）的冲突，日常管理也更惬意了。结论是，从家里去掉两个吵吵闹闹的小男孩，我们就能找回天赐的平静，减少我们的不满。"

加利和阿吉拉

加利："我们两人都是30岁，结婚6年，结识有9年了。我丈夫的极端漫不经心让我异常恼火。我们最大的问题是还没有孩子，因为过去有很长时间我们都很忙（学业、工作……）。现在有点想要孩子了（主要是我），我知道可以轻而易举地说服我丈夫（他并不反对）。只是我怀疑我是否能独立担当起养育孩子的责任。并不是说阿吉拉和我分手，而是我怕他还像以前那样。我可以想象这破坏力！我突然又不太想多照顾一个孩子了，因为已经有一个'孩子'和我一起。"

最新消息：

"相比最新的消息，我总是能和你分享我丈夫最近'漫不经心'的事迹（他是铁定改不了了）。上个星期我们和朋友去酒吧喝了一杯。有一个我们不认识的女人加入了我们的小圈子。她坐在高脚凳上，穿了件紧身连衣裙。总之，很难不注意到她，看第一眼就知道她至少怀孕六个月了。因为有人和她说我丈夫是小学校长，她立刻就和我丈夫聊起来。她想知道怎么才能在托儿所弄一个位子，她明确说她很急。我丈夫纠正她，说小学和托儿所不是一回事，他帮不上忙。过了一会儿，这个女人告退了，她艰难地站起身还特意用两只手捧着肚子。我们一个朋友说在这么热的夏天生孩子真够受的。我丈夫马上叫起来：'为什么，她怀孕了吗？'当然所有人都哈哈大笑起来。但他很严肃地说他一点都没有注意到（一般人都会问问自己为什么她会聊起托儿所，他却没想到）。我们的朋友（一如既往地）认为他实在太特别了，漫不经心的样子也很有趣。我不这样认为，他这样毫不关心的样子让我再次异常恼火。诚然（就像我一个女伴说的），他不会看别的女人的，这点我相对还有些放心。但要花多少时间他才能认识到要是我下决心，怀孕了怎么办？？？"

戈迪埃（Gautier）

"恰当地说，我是一个井井有条的人，也没有那么古怪，她也不是什么完全无条理的人。我想让我恼火的是那些小事，其实很好解决的，比如不需要超人的力量就能把报纸收好，或者扔掉用过的纸张。这样的话，为什么不做呢？即使这样，我还是要说不满引发不了严重后果。我们的夫妻生活很好，如果要是遇到危险，我想也不会因为这些。"

伊莎贝拉

"如果哪天我亲爱的能从牙膏的中间开始挤，不把他的手机放到我们漂亮的、容易被刮花的漆制家具上（我要说多少遍'天啊'他才能不放呢），我是很愿意原谅他的，因为他总是会乖乖去洗衣服,去换厕纸,这时他真是上帝保佑!其他的缺点,我要说百倍地恶劣,还不算把烟头丢到咖啡杯里,试试看——这一下就能点燃洗杯子的傻子的怒火。"

最新消息:

近几个月来伊莎贝拉和她的男朋友一直在看房,想买(第一套)房。以前还不知道的新分歧趁此机会浮现出来。"她喜爱老房子,一看见那些蒙尘的物件和'有极大升值潜力'的缺胳膊少腿的桌椅就激动得不得了;他却极端不能忍受灰尘、破烂货和关不上门的橱柜。这注定要大闹一番,实际也是这样的。晚间'祈祷'时(可没说的那么漂亮),就是两人互相谩骂的时刻。一个讨厌美式厨房,另一个则说'亲爱的,如果有客人来,我们就能愉快地参与他们的活动了','哎哟,你做饭,像这样我就必须马上去洗碗吗?'同样对于厕所的位置,是在浴室里还是外,也是弄不清楚。不知什么原因他恨不得把管道都拆了,而他女朋友则是仔细研究厨房工作台上的每块瓷砖,看是不是块块都那么方方正正。他们把鼻子凑到壁纸上闻,但不是同一块壁纸。男生对镶花边窗帘不屑一顾,才不管这些是不是在窗帘上!呦,这样还是难看,一看上去就这么媚俗的客厅会把人都闷坏。然后就这样没完没了。她喜欢居中的漂亮吧台,她男朋友则要把它砸成碎片,把残渣都扔出去。当女人还在梦想的房子里一间间转时,男人已经开始冒汗了。他已经累得不再去想了。"

洁德

"我总是在打仗,在很多的方面战斗。我的感情经历总是老样子。随着年纪增长,我也越挑剔。我马上就47岁了,离异,有个11岁的女儿,我很独立。当我尝试平息小不满时,我总强迫自己不要那么严厉,尝试每次或者尽量地(看我的心情)质疑我自己。完美是不存在的,我这样安慰自己。"

最新消息:

"我和男朋友的关系,如果我还能说他是我男朋友的话,每况愈下,因为他本性难移。他不断地许诺,文过饰非。我什么都试过了,温柔体贴,外交手段,他在某些方面做了努力,但我觉得这让他为难。最近几个月我真的是被他的态度惹恼了,我不再掩饰地跟他说,某种意义上他不值得被尊重。他好像没有自爱、自信。突然间我变得严厉起来,再也不咬文嚼字。尽管如此,他还坚持黏着我,他变得疑神疑鬼,妒忌,有点占有欲,打听我的事情,毫不得体。在众多的例子里,我说说他送给我的菊花吧。我跟他说我讨厌菊花,他到头来一次给我买了两束(买一赠一,他好意思这么说)。我说我们是要去送葬吗?!(我想是要埋葬我们的关系吧……)我肯定他不是故意的,但在交往三年后我不能再原谅他。我和他已经有八个月没有肌肤之亲了,我被困住了,他让我失望,我对他没有幻想了。和他一起在公共场合让我羞愧,他太'沉重'了。我没什么指望了,就让情况继续糟糕下去吧。"

卡斯汝

在列举了长长的抱怨清单后，卡斯汝总结道："唉！除此以外，一切都好，他有很多优点，我也喜欢他。我们是19岁时结识的，我们现在35岁。我也有缺点，要学会自我克制才能建设好夫妻关系。"

最新消息：

"有个很大的忧虑，不再是不满，是大写的'问题'：我母亲。不是什么新问题了，我想到是因为我昨天差点把她杀掉。她希望孩子们只围着她，不去管他们的伴侣。这就是制造夫妻矛盾的最好引信！！

"然后就是我丈夫太喜爱孩子了，叫我生二胎，这让我异常恼火，我是游移在很想生和完全不生之间的，因为我疯狂的生活围绕着公车和地铁，工作的压力、月底的捉襟见肘、房价和赋税飙涨让我受不了。

"有些小事一点都没变：他吃饭时把手肘放在桌上，我就没完没了纠结我的发型（是留长发呢还是剪短呢）。我称重时发现胖了40斤，节食的事也让我节奏大乱。"

拉米亚

"我觉得较引起我注意的是，我丈夫把他的东西都放到衬衣的口袋里，这让我觉得可笑，好像我面对的是个小朋友，而且他一再做这些小蠢事。我总是很和蔼地对待，就像发现我儿子们做的蠢事。"

最新消息：

"我现在能给一大堆小不满的例子，而且你问得正好，因为已经到顶了……原因是孩子放假了（我父母还没有来），而且我们工作都很忙。我丈夫每晚回来既疲倦又生气，只看见堆到他鼻子尖底下的工作，没看见他妻子办公室有三部电话（还加上手机），管着15个人的团队，在办公室忙进忙出，除了工作的文件要整理，还要干下面的活：

"准备晚饭；

"收拾屋子和其他夏天要干的活（清洗地毯和其他活）；

"安排孩子们的生活（他们玩的、吃的，买儿童杂志《米奇周刊》）；

"时不时提醒孩子们，保证他们戴了帽子、涂好防晒霜；

"订教科书（我们在摩洛哥，要在放假前订书，因为书是进口的，总是脱销）；

"准备假期带的东西清单，我丈夫总是说带得太多，他倒是带上了防烫伤膏（我精心准备的T恤衫不拿），还有防虫剂（我给他买的防海胆的沙滩鞋不带）。

"可我丈夫做了什么呢？？他穿着整齐，刮好胡子坐到桌前吃早饭，（每天早上）他会说：'孩子们天天看电视都变蠢了，这真是我的错，把他们送到我姐姐那里去吧。'但他知道他妻子可不喜欢他的姐姐，而且他也不愿知道他姐姐前脚给他打电话说把孩子送来吧，后脚就和他妻子说孩子们来可以，但把伙食费带来。当我不高兴地说：'他们在姐姐那里晒太阳太厉害了，叫他们在房间里休息休息吧。'我完全有理由大发雷霆。实在让我不满！"

洛伦佐

"她开车的时候让我不满，因为她开得很慢，过分小心了，可优先通过时也不过。对于孩子们我觉得也不该担心。我给他们穿衣服时，她总是觉得我乱穿。"

最新消息：

"其实没什么新消息，除了……瞧，就两件小事。我们的女儿（5岁的双胞胎）和爷爷奶奶一起去度两周假，我妻子说：'我必须去收拾她们的行李，因为我完全不能指望你干这些，总是我来干！'我就回她说：'如果你愿意我来干就好了。''不，不，绝对不要，你一半的东西都会忘记的。'你看看是不是很典型？总是在抱怨，却不让别人替她做。第二件事，我向她指出她要求全家人都遵守秩序和规矩，但她对于她的文件摆放上一点都不遵守。她就开始埋怨了，但没有回应。

玛尔维纳和理查

玛尔维纳："我单身了30年。那一年我去印度旅游带上了你那本《单身女性和白马王子》……然后我懂了不少东西。有很长时间，当我还是个时髦的单身女士时，我周围很多夫妇，一些事情是我不能忍受的，首先是我爸妈。比如按照性别来分配角色（像男人去打猎，女人照顾其他事情），换言之就是没有工作的分工。简而言之，我就像看门狗一样捍卫着自己的理念。但过了30岁，荷尔蒙占了上风，我觉得要把自己放到应有的格子里。对他来说也是适逢其时。由于门当户对的要求，我们是他的一个同事介绍认识的，我们有一样的文凭，他父母是手工艺人，以前是农民；我父母是工人，也曾经是农民。在他看来，我是一个养育后代的完美女性。我喜欢他是因为我和他讲到责任时，他没有逃避，因为我想很快要个小孩，他说的完全符合我的原则：'我不想你只是去熨衣服，你不是一个女仆。'四年半过去了，我们女儿也有三岁半了……但是他现在让我不满。"

最新消息：

"当我刚收到你的信时我吓了一跳：'看看，他已经有好长时间没有惹恼你了！！'但好好想想，还是有不少不满的来源。我想这就像脱敏的过程，人们慢慢就习惯了。在我上封邮件后，我们购置了一块地，开始盖一座木房子。有个建筑师把他的想法强加给我，我亲爱的（当着建筑师的面）说，要是你不满意你就自己盖房子吧！还有就是申请银行贷款，在和很多银行没有结果的会见后，他抢到我前面，把他的银行强加给我！！一般来说，他惹怒我因为他总是先蛮不讲理，然后又立刻改正。举个例子，上午八点我们说好我去给一个供应商打电话，到九点他就打来说他已经联系过了。我们第一次吵架的时候，他就毫不留情地说我对我们的房子一点贡献都没有。最后也有金钱的问题，我们的条件并不是很好，但他想一蹴而就，那我们就得花钱了。因为我没有积蓄，他有时会先帮我垫着，和我说以后我们再算账；但我一买一个小玩意他就催我还钱。你看，不满的原因没有消失，但我知道它们总是在他很冲动时爆发，然后他马上给我道歉。

"现在是我人生中最美的日子了，因为我们刚知道我要有第二个孩子了，喜悦带走了不满！然而我知道不满还会继续的，因为他想要个男孩（如果还是个女孩的话，那他就是'被诅咒'了），不想把他的财产给个浑小子（因为这些恶棍都是男生，女生太笨了摆脱不了这种人）。真是没完没了！"

马库斯

"我第一任妻子让我不满的是她对所有事情都无精打采。第二任正好相反，让我精疲力竭，总是在风暴中。可能是怕再引起风波，她再惹我的时候我什么也不说，譬如她逛街回来买了一大堆又贵又没有用的东西。"

最新消息：

"你的调研起了奇妙的效果。我给你写信的时候，揭开了伤口，而且不是以我平常的角度展示出来。有一两次小吵闹，我一般都会回避。但后来都适得其反。我对自己说太可笑了，对我一点好处都没有。这个夏天家里异常平静。嘿！我更加不去碰这些麻烦事，我已经成了一个专家。"

马克斯（Max）

"不满的原因有很多，比如晚上卧室的窗户没有关，晚上刮风下雨，又很冷……尤其是我们都激动时，那就一发不可收拾了。还有就是被子和床单，但已不是'争斗'的中心。小虫啊、蜘蛛、蚊子等。最糟糕的是早上床没叠好，床单乱糟糟的，枕头没放好，被子卷成一团，但一个人喜欢井井有条，另一个则可以晚上睡在混乱的床上。"

玛雅和伊戈尔

玛雅："我最开始没有特别注意到他总是不知道东西放在哪里，在我们的'同居'变成共同生活时我对自己说，也许他不敢乱翻，也许还没找到方位。渐渐地这个习惯让我越来越不满，我现在都不愿理他了。"

最新消息：

"非常不好意思没有给你更多地写信，因为我和男朋友分手了，很明显，的是他对让我不满的事情的看法一点都不客观。"

梅洛迪和"他"

梅洛迪："我欣赏优雅和考究。我丈夫很帅，他应该是很有风度的，他自己却不屑一顾。就这小小的举动，在30秒内就让我觉得一无所有了，他还不修边幅（粗鄙地喝啤酒，吃香肠，挺着啤酒肚，还打饱嗝）。吸引力负40分！我自己的孩子还没有这样让我不满，证明了他们还没有无法无天，还'有救'；我还能引导他们，当然他们在性方面也没什么吸引我的。总之，我不希望成为我丈夫的妈妈。"

最新消息：

"就在假期回家后，再次验证了我的印象：'所有的问题都是性感的问题。'我老公在穿上礼服参加婚礼的时候就像个神，但也能一脚踩到戛纳克鲁瓦塞特大街（la Croisette）的狗屎里，旁边坐在板凳上的游客都捧腹大笑，我微笑地回击道：'这是我的男人，我爱他有25年了。'反而，他假期的时候毫无节制，躺在长椅上动也不动，我已不是恼怒了，说实话是狂怒了。当我们漫步在都是老爷爷老奶奶的地方时，我就觉得这就是我们的倒影了：沙滩上一群胖嘟嘟的老太太和她们行动缓慢、无精打采，但是温顺而礼貌的丈夫。这就是我的未来，和过去比毫无生趣的未来！我的反应总是一样的，转开目光，恼火，出言不逊，这情景'太太过分了'。也许还不够，因为我丈夫会毫无诚意地说：'要是没有你和孩子们，我就去参加汽车拉力赛。'我耸耸肩，对着这星期天的梦想家再次……再次说，问题在于吸引力，他又不怀好意地说：'吸引力这东西我可控制不了。'我只能耸耸肩。但他是做了什么才让我在他身边这么长时间呢？我会和问题保持距离，不去多想，我有时也会想与其和这个吸取我生命力的负担在一起，还不如离开，一个人过。他也会恢复他的性感（有人会问他怎么弄的），就像开车换挡一样容易；我也会立刻从一个悍妇变成温柔、俏丽和可爱的样子。我们就是这样的循环。"

米弥和米卡尔

米弥："我自我介绍一下，我叫米弥，22岁，大学生。我和男朋友米卡尔在一起生活10个月了，我们相识有3年了。我来个快速的开场白：我们是高一时认识的，很特别，因为米卡尔比我大5岁，在一段不堪的经历后，证明我们要维系我们的关系是多么难。最大的问题是我们的交流越来越难了，我太像我妈妈了，所以我有时会有些过分，或者他挑衅，因为不愿意别人叫他小淘气或者小可爱……这样他会大发雷霆。"

最新消息：

"现在我们处于平静的阶段，因为面对各种出格，我们尝试尽量理性地回应对方，就是说我们改变得让'大家都平静点'，这使我们不再害怕对方，更心平气和地对话，情况也因此改善。奇怪的是，我觉得我们在一起生活的困难来源于我们都深深地受到了各自家庭的影响，这是我之前不敢想象的。我认识到我会无意识地模仿我母亲的举动，好像这是必然的，唯一的选择。我们所遭受的'暴力'（我说的过去，就像以后就不会发生似的）使我们懂得可能要准备另外的结局。米卡尔觉得他的女朋友越来越像她的妈妈，就是他的岳母，太可怕了！而我把他想象成一个理想的父亲，因为他不停地重复他父亲的举动。"

米艾耶（Mireille）

"他实在是让我不满,以至于在六年共同生活后我把他扫地出门……他以前、现在和以后都是个小气的人！！当这个人是你爱过的人,还是我第二任丈夫时就太艰难了！"

妮可

"有不满,还有一些难以忍受的事情更难处理。这种情形太多了,以至于有时要说它们完全没联系。热热身,我讲个小细节。他吃饭时太大声……大家觉得我动作迅速,我丈夫行动迟缓,甚至是懒惰。为什么我觉得我丈夫的要求不是那么能够忍受,如要多睡一会儿是因为他睡得晚,起得当然晚了。"

萝丝和查理

萝丝："我和一个古怪的德国人结婚10年,然后一个人生活了15年,现在我有一个乱糟糟的意大利情人,就是查理,喜爱蛋黄酱,住在自己的房子里。"

最新消息：

"新消息……这一年来有些事情变化得太快,有些疯狂……那些'危机'已经远去。我的意大利人和我都还生活在自己的房子里……但我不再让自己不满了……这是因为我们都在服用抗高血压的药物吗？或者是我不想让我母亲伤心,所以我单单跟一个人在一起,她就会开心？也许我也处于一个'节能'系统里。我也觉得他本质是那么讨人喜欢,他不应该背上负担……我也做了不少努力！他也感觉到了什么，努力把事情往好的方向发展，问问我'你现在觉得还好吗'，就让我不那么不满了。我们这个月庆祝了相识三周年：不满是相处最开始时的问题？因为我相信不满要么变成障碍，要么消失。"

莎拉和彼特

莎拉："我51岁了，我三年半前认识了我的男朋友，到现在我们共同生活了三年。在我看来他是一个罕见的和蔼可亲的人，总是嘘寒问暖，但小心……过了头！我曾和一个冷冰冰的人结婚25年，他一点都没有爱心，甚至在我们快离婚时也是可恶的。看看现在，正好相反。"

最新消息：

"在我们最后一次沟通后，情况没有变化，我再受不了我男朋友的笑了，但我尝试不再和他说这个了，因为我觉得他改不了。当只有两个人的时候，我忽视这些，但当有其他人、家人或者朋友在时，我就觉得不舒服。我一再徒劳地问他为什么在说完每句话时都要笑，我觉得他改不了。'我就是这样的，接受我本来的样子吧。'哦，我还能做什么呢？我也要有我的一些小缺点才行……"

维拉格

"他让我最不满的是他不够成熟，我觉得这就是问题的源头……我们有三个孩子，我真的认为他就是第四个，需要我一个人照顾。和朋友们讨论后，我有负罪感，因为还有很多比这个更严重的问题，但同时我一直都觉得每天都有不满的感觉。"

最新消息：

"在整个不满的体系里，我丈夫意识到他深植体内的什么都不在乎的性格会每天都惹恼我。我觉得他知道了这个，但他不觉得这有什么。当人们发现了一个严重的缺点时是比较好面对的，但是对于日常的阴险的不满时就比较难面对了。我并不是要指责他的缺点，但他不愿承担责任，还把缺点融入了家庭生活之中。不管如何，我们已经到了我明确和他说我不那么喜欢他的地步，我因此也不认可他了。这对他有所触动。他做了努力，我很高兴情况改变不少，可我是个讲求秩序，也要持续更新进度的人。我也尝试更加耐心，淡化事情的严重性，但有时候理智很难战胜情感。"

亚尼斯

"女朋友31岁，我34岁。我们在一起生活有7年了，有一个三岁半的女儿。我们很少有很激烈（恶劣）的争吵。有两个主要原因：一是我们沟通很多，充分了解对方，在尽可能的范围内，我们给对方一定的自由空间；另一点是我们发现争吵的原因经常是外在的，比如她或者我工作的压力，我们双方家人、朋友、同事的原因。"

最新消息：

"好吧，这几个月发生了些'小事'。10月份我们第二个女儿降生了，这对我们的空间产生了重组，什么都要问问合适不合适：要不要贴壁纸，要不要安新窗帘，等等，还有不要忘记孕妇特有的行为，她会问：'我变胖了吗？这些衣服我还合适穿吗？你觉得我还能像第一次当妈妈那样称职吗？'等等，还有烦躁不安，控制不住大哭，疲倦（我不行了，我要上天了）。解决之道呢？没有答案。对于我来说，需要把事情看淡点（尤其是不要强加我的观点，采取'非黑即白'的极端和不能更改的立场。你要是做错了，她一定会指责的）。因而我唯唯诺诺，我服从，我对自己说这只是暂时的。"

佐伊和查尔斯-亨利

佐伊："我39岁，有两个孩子分别是9岁和7岁。孩子的父亲去世了。我的男朋友4年前和我们生活在一起了。我们的矛盾主要来源于他所做的和我灌输给孩子的（餐桌礼仪，收拾东西，言语得体）不一样。"

最新消息：

"到了要改变方向的时候了，我们决定分手。他走了，留给我空间，我完全和孩子们在一起生活。事实上，不满有时会发展到不可收拾的地步。我观察到了比已有的问题更多的东西。我没能及时妥善处理和伴侣的关系。我们都知道失败的原因，但我们不能走回头路了。最后，其实他是愿意再来的，我不想了。我再也没有力气和精力了。我需要一个人待待,在吃早饭时,在沙发上、床上和浴室时,在我心里独自和孩子们一起。我意识到我们最初的激情掩盖了细节,我当时以为没什么重要,但却成了我们伴侣生活的'主调'。我被生存所需的漫不经心和不在意裹挟着。

"日常生活的一些细节变得不能忍受了。事实上,主要的问题是我们之间的裂缝越来越严重,因为我们的处事和生活方式都太不一样了。我好像经历了一次跳跃:现在我又回到了地面。我认识到还没有找到感情生活和被健康问题折磨的日常生活之间的平衡。对于我来说是时候来重建被动摇的根基了,然后我能把我的力量传递给需要这些力量的孩子们。我不能和其他人分享这个重建过程。"

意犹未尽的调研

人们对内容分析的方法总有些错误的印象:觉得就像把袋子掏空,自然就知道结果是什么了。这和真正的科学方法不冲突,因为这是对原始资料的分析工作,也只有在这基础上才能产生新知[1]。这项工作可能永远没有尽头,即使是针对某项具体的调研。没有袋子是会倒空的。

当然也不要走极端没完没了地把同一个调研翻来覆去,我

---

[1] 霍夫曼:《调研以及其方法:综合采访》,巴黎:阿芒·科林出版社2006年版。

于是尝试越来越多地从新的角度来再次审视旧素材（我的录音带就像无价之宝被好好地保存着），展开更长久的对话，我希望能成果丰富。我也真心觉得我们不该在听完录音后就结束对它们的探询。读过我前几本书的读者［《夫妻关系》（*La Trame conjugale*），《工作热情》（*Le Cœur à l'ouvrage*）、《第一天的早晨》（*Premier matin*）和《平底锅、爱情和危机》（*Casseroles，Amour et Crises*）］可能会惊奇地（我希望他们也是满意的）发现，在这本书里阿涅斯、雷昂、高伦比娜或者妮奈特（Ninette）展开了他们新的冒险，想了解更多背景内容的只要参考提到的书籍的附录就可以。

我也试图更多了解从事相关研究的人员的调研情况，并借用其中的研究对象，我觉得这能使我愉快地一窥集体的智慧。此书中提及的人物背景资料罗列如下，其中也能找到第三类的研究对象，就是我在网上讨论区偶尔结识的，网络真是一个充满内省和告白的海洋。

其他调研对象

阿涅斯（Agnès）和吉恩（Jean），《夫妻关系》中人物。
艾利克斯（Alex），网上讨论区认识的调研对象。
艾尔芳斯娜（Alphonsine），笔友。
安妮塔（Anita）和卢克（Luc），面包师，均38岁，结婚15年。
安娜（Anne）和路易（Louis），安娜是记者，路易是装潢设计师，他们共同生活了6个月。

安妮特（Annette）和艾利克斯（Alex）。

阿奈丝（Anaïs）和帕特（Pat），《夫妻关系》中的人物（阿奈丝原名 Anne，她改名字为避免重复）。

阿尔忒弥斯（Artemiss），17岁，网上讨论区认识的调研对象。

贝儿特丽丝（Béatrice），28岁，管理人员，工作半天，丈夫是艾伦（Alain），32岁，技术人员。

卡丽（Cali），20岁，同居两年，网上讨论区认识的调研对象。

奥黑莉（Aurélie），24岁，临时工。

凯蒂（Candy），《平底锅、爱情和危机》中的人物。

克里斯汀（Christine），53岁，护士，丈夫是丹尼尔（Daniel），56岁，工人。

辛迪（Cindy），笔友，结婚30年。

克劳迪（Claudie），37岁，小学老师，丈夫是皮埃尔，36岁，记者，结婚11年，育有3名子女。

多萝蒂（Dorothée），41岁，家庭妇女，丈夫是罗伯都（Roberto），39岁，育有1名子女。

艾丝特尔（Estelle），29岁，工程师，丈夫是朱利安（Julien），31岁，药剂师。

伊芙（Eve），54岁，护工，再婚家庭。

高伦比娜（Colombine）和弗兰克（Franck），《第一天的早晨》中的人物。

杰拉尔丁（Géraldine）和 伯纳德（Bernard），《夫妻关系》中的人物。

珍妮弗（Jennifer），网上讨论区认识的调研对象。

朱丽叶（Juliette），《第一天的早晨》中的人物。

罗拉（Lora），《工作热情》中的人物。

博朗克（Blanc）太太，56岁，家庭妇女，其丈夫60岁，退休高级管理人员。

路易（Louis）太太，53岁，家庭妇女，其丈夫65岁，退休高级管理人员。

丁莎特（Tinsart）太太，51岁，结婚21年。

瓦尼耶（Vannier）太太，50岁，家庭妇女，丈夫是小学教师。

玛德琳（Madeleine），《平底锅、爱情和危机》中的人物。

玛丽-艾尼斯（Marie-Agnès），36岁，职员，丈夫是马克（Marc），39岁，教师。

玛丽-安娜（Marie-Anne），55岁，家庭妇女，丈夫是推销员，结婚30年。

玛丽-莱斯（Marie-Lyse）。

玛蒂娜（Martine）。

博格（Berg）先生，59岁，中层管理人员，在37年的婚姻后离异。

娜塔莉（Nathalie）。

奥利维亚（Olivia），网上讨论区认识的调研对象。

帕斯卡尔（Pascal）和妮奈特（Ninette），《夫妻关系》中的人物。

佩内洛普（Pénélope），34岁，她的伴侣31岁，网上讨论区认识的调研对象。

拉弗（Raf）和多洛拉斯（Dolorès），网上讨论区认识的调研对象。

萨比娜（Sabine）和罗门（Romain），《夫妻关系》中的人物。

苏塞特（Suzette），《平底锅、爱情和危机》中的人物。

东尼（Tony），《平底锅、爱情和危机》中的人物。

托马斯（Thomas），大学生。

文森特（Vincent），《第一天的早晨》中的人物。